KOCHBUCH

Eine kulinarische Reise
durch das
Münsterland

PROdigit
Verlag

Copyright © Verlag PROdigit
Kesslerweg 4
48155 Münster
www.prodigit.de

Entwurf und Realisation: PROdigit Verlag

Rezepte: die beteiligten Hotels und Restaurants

Text: Christa Hett

© Fotografie: Ralf Spangenberg

Grafische Gestaltung: Yuliya Sundrup, Adrienne Rusch, Nora Warschewski

Lektorat: Christian Pohl, Miriam Eustermann

ISBN: 978-3-9813826-0-0

Printed in Slovakia

Vorwort

„Als Erstes möchte ich mich an dieser Stelle bei allen Köchen und allen Beteiligten, die zum Gelingen dieses Kochbuches beigetragen haben, ganz herzlich bedanken."

Ralf Spangenberg

Wer sich mit der Küche Westfalens noch nicht beschäftigt hat oder sich einfach einmal von neuen Rezepten inspirieren lassen möchte, den nimmt Fotograf und Buchautor Ralf Spangenberg in diesem Buch mit auf eine Reise durch das Münsterland. Mit großer Begeisterung fuhr er kreuz und quer durchs Land, um in die Kochtöpfe von 60 Küchenmeistern zu schauen. Von Isselburg bis nach Wiedenbrück im Osten. Von Rheine im Norden bis zum Rand des Ruhrgebietes im Süden – nach Waltrop. Überraschende Gegensätze kamen dabei ans Licht, denn von der traditionellen Gaststätte bis hin zum Schloss ist hier alles vertreten.

Spitzenköche stellen Ihnen hier einige Rezepte vor und laden ein, deren Zubereitung auszuprobieren. Unter anderem verraten hier einige Meisterköche auch lang gehütete Familienrezepte. Einige sind leicht nachzukochen, bei anderen sollte man schon einige Übung haben. In jedem Fall wird hier aber klar: das Münsterland beschränkt sich längst nicht mehr nur auf Töttchen und westfälisches Zwiebelfleisch! Traditionelle Gerichte mit internationalen Einflüssen sind im Münsterland schon lange angekommen. Galt das Münsterland in den Nachkriegsjahren noch als kulinarische Diaspora auf der Landkarte, braucht es heute keinen Vergleich mit der Nouvelle Cuisine zu scheuen. Die Kreativität der Küchenmeister, die frischen Produkte aus der Region und neue Methoden, die Zutaten zuzubereiten, eröffnen ganz neue Geschmacksdimensionen. Wer die zahlreichen Begleitfotos sieht, der möchte am liebsten sofort mit dem Nachkochen anfangen oder sich selbst auf die Reise begeben, um sich vor Ort verwöhnen zu lassen. Dieses Buch macht einfach Lust auf das Münsterland! Lassen Sie sich verführen und entdecken Sie die kulinarischen Highlights der Region!

Münsterland-Karte

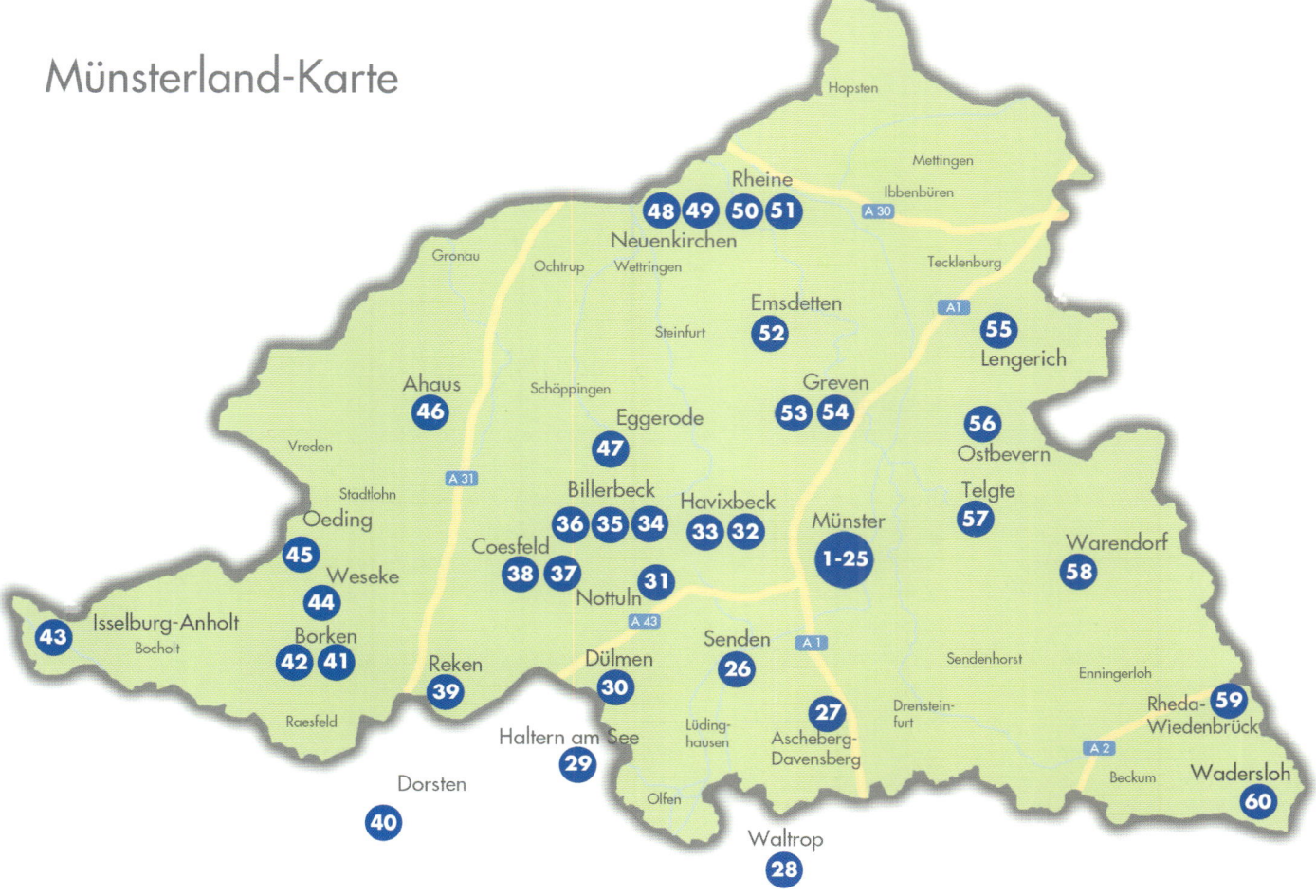

Inhalt

Desserts

Vorspeisen

Winterimpressionen am Aasee in Münster

Karl Nikolas Spitzner
Einfach ausgezeichnet!

Karl Nikolas Spitzner arbeitet seit 9 Jahren an seinem Können als Koch. Nach seiner Ausbildung zum Kaufmann absolvierte er eine zweite Ausbildung zum Koch im Premierhotel Krautkrämer in Münster, die er mit einer Auszeichnung für besondere Prüfungsleistungen krönte. Nach bestandener Prüfung arbeitete er zunächst als Tournand. Zusätzlich erhielt Herr Spitzner seinen Commis Sommelier für gute Weinkenntnisse. Auf Sylt, im bekannten Restaurant Jörg Müller, arbeitete er dann als Chef Poissonier und erhielt während dieser Zeit auch eine besondere Auszeich-

nung (gefördert von der Firma Linie Aquavit und dem „Feinschmecker"): zweiter Platz sowie Sonderpreis für das beste Fischrezept für deutsche Köche unter 25 Jahren. Seit 2008 arbeitet Nikolas Spitzner zunächst als Souschef und ab Februar 2009 als Küchenchef im Restaurant Am Aasee, wo er die Gaumen der Gäste mit seinem Talent und seinen außergewöhnlichen Kreationen verwöhnt. Seit November 2009 ist das Restaurant Am Aasee nun unter der Leitung von Karl Nikolas Spitzner und Christin Reimering. Die Begeisterung des Publikums ist offensichtlich, denn das neu errichtete Restaurant befindet sich

in einem zentralen und zugleich romantischen Ort Münsters, bietet ein exquisites Ambiente und einen großartigen Blick auf den See. Die Vielfalt an Freizeitaktivitäten, die hier mit edelstem Essen und guten Weinen verbunden werden können, ist für Jung und Alt ein absolutes Muss in Münster.

Das von Karl Nikolas Spitzner vorgestellte Rezept zeigt Kochkunst auf einem hohen Niveau. Wer das Außergewöhnliche mag, der wird dieses Rezept lieben.

Schweineschnäuzchen

mit Flusskrebsen und lauwarmem Bratkartoffelgelee

Rezept für 4 Personen

Zutaten:

Für die Schnäuzchen:
Schweinsrüssel und Maske
Pökelsalz
Gemüsewürfel (Zwiebeln, Sellerie,
Staudensellerie, Karotte)
Frische Kräuter (Lorbeer,
Petersilie, Majoran, Thymian)
Sherryessig, Kräuteressig
2 Blatt Gelatine
7,5 g Agar Agar
Gewürze (weißer Pfeffer,
Korianderkörner, Senfkörner,
Wacholder, Piment)

Für das Bratkartoffelgelee:
Kartoffeln, 500 ml Brühe
Meersalz, Pfeffer, Speckwürfel
Zwiebelwürfel, 7,5 g Agar Agar
3 Blatt Gelatine
12 Flusskrebse

1. Aus Wasser und Pökelsalz eine Lake herstellen. Die Schnäuzchen in einer Pökellake 3–5 Tage pökeln.

2. Die Schnäuzchen 45 Minuten wässern, dann in kochendes Wasser geben. Nach einer Stunde das Gemüse zu den Schnäuzchen hinzufügen. Noch eine Stunde ziehen lassen, dann die Gewürze dazugeben. Wenn das Fleisch weicher wird, einen guten Schuss Essig zugeben und weiter köcheln lassen, bis das Gargut weich wird. Nun alles aus der Brühe nehmen, in einer Wanne mit Lorbeer, Majoran und Thymian bedecken und unter Folie erkalten lassen. Anschließend das Fleisch würfeln und in eine schmale, rechteckige Form pressen.

3. Die Brühe durch ein Tuch passieren und entfetten. Etwas Brühe erhitzen und mit Agar Agar binden. Die Gelatine einrühren und über das Fleisch gießen. Dann das Ganze leicht beschweren und abgedeckt kalt stellen. Später die Schnäuzchen aus der Form stürzen, in schöne Blöcke schneiden und warm stellen.

4. Pellkartoffeln kochen, pellen und schneiden. Die Kartoffeln rösten und später Speck und Zwiebeln hinzugeben. Mit Salz und Pfeffer würzen und mit Brühe auffüllen, aufkochen und ziehen lassen. Nun die Brühe fein passieren, aufkochen und mit Agar Agar und Gelatine binden, danach auf ein Blech gießen und erkalten lassen. Später kleine Gelee-Rechtecke ausstechen. Die Krebse in kochendes Salzwasser geben und das Wasser auf 80 °C mit Eis herunterkühlen, dann 3 Minuten ziehen lassen. Die Krebse herausnehmen und ausbrechen.

„Münster verwöhnt 2010" vor dem Fürstbischöflichen Schloss in Münster

Norbert Ackermann
Koch und Weinexperte in Personalunion

hauseigenen Vinothek „Weinchen". Als Weinexperte garantiert Norbert Ackermann für die passenden Tropfen zu jedem Gang.

Seit 125 Jahren zählen im Restaurant Ackermann das besondere Zusammenspiel von ausgesuchter Gastlichkeit und Qualität zu den bestimmenden We·ten der Inhaber. In vierter Generation führen nun Beate und Norbert Ackermann genauso liebevoll wie professionell das Traditionsrestaurant in Münster und bereits, wenn man das Restaurant betritt, bemerkt man das äußerst geschmackvolle und einladende Ambiente. Die stilvolle Einrichtung kommt durch dezente Akzente mit viel Leichtigkeit

daher und unterstützt so die leichte Küche optimal.

Das Familienarchiv bei Ackermanns reicht weit zurück und gibt Auskunft darüber, dass bereits seit dem 22. Juli 1884 unter dem Namen Ackermann in diesem Haus Gäste bewirtet wurden. Beim Besuch eines der bestgeführten Häuser des Münsterlandes ist somit Genuss pur garantiert. Das hier von Norbert Ackermann vorgestellte Rezept zeigt die Raffinesse und das Niveau in ganz besonderer Weise. Das fein ausgewählte Zusammenspiel der Zutaten, die sich in ihrer Noblesse perfekt ergänzen, ist wahrlich eine Gaumenfreude.

Als ehemaliger Schüler von Eckart Witzigmann und erfolgreicher Herdkünstler der gehobenen Gourmetgastronomie (z. B. Landhaus Scherrer in Hamburg) besitzt Nobert Ackermann eine ausgeprägte Qualitätsphilosophie, was die Zutaten seiner Gerichte betrifft. Dabei variiert er die hohe Kunst des Kochens mit heimischen Gerichten und Traditionsrezepten.Saisonale Highlights von Spargel bis Wild fließen in seine Speisekarte ein und verwöhnen die Gaumen selbst anspruchvollster Gäste. Vervollkommnet wird das kulinarische Vergnügen durch eine Auswahl von über zweihundert Weinsorten der

Gebratene Riesengarnelen
mit weißem Spargel in Blätterteigkissen an Bärlauchsauce

Rezept für 4 Personen

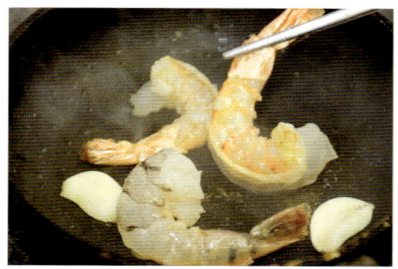

Zutaten:

12 Riesengarnelen
1 Blätterteigplatte
16 Stangen weißer Spargel
8 Fingermöhren
8 Zuckerschoten
20 g Erbsen
30 g Morcheln
20 g Bärlauch
50 ml Sahne
Butter
Zitrone
1 Eigelb
Salz
Pfeffer
Olivenöl

1. Den Blätterteig etwas ausrollen und daraus 6 gleich große Rauten schneiden (Seitenlänge ca. 7 cm). Die Blätterteigrauten mit etwas verdünntem Eigelb bestreichen und im Backofen gold-gelb backen.

2. Den Spargel schälen und im gewürzten Wasser mit etwas Zitrone abkochen. Danach die Spargelschalen in dem Spargelwasser ziehen lassen, damit man einen guten Spargelfond bekommt.

3. Die Fingermöhren, die Erbsen und die Zuckerschoten putzen und blanchieren. Die Morcheln ebenfalls putzen und danach auf einem Tuch trocken legen.

4. Einen Teil des passierten Spargelfonds (ca. 200 ml) mit der Sahne zusammen etwas einkochen lassen.

5. Die Riesengarnelen pulen und vom Darm befreien. Danach die Garnelen würzen und in Olivenöl anbraten.

6. Die Morcheln in etwas Butter leicht angehen lassen und würzen.

7. Das blanchierte Gemüse in einem Topf mit etwas Butter glasieren. Den Blätterteig in der Mitte halbieren und nochmal kurz warm legen.

8. Den Spargel-Sahnefond mit dem Bärlauch und etwas Butter aufschäumen und abschmecken.

9. Das Gericht mit der aufgeschäumten Sauce fertigstellen.

Der Ludgerusbrunnen in Billerbeck

Guido Mertens

Ein Küchenmeister, wie man ihn sich wünscht

Seine Wanderjahre schloss Guido Mertens 1993 mit seiner Meisterprüfung zum Koch, die er mit Auszeichnung bestand, in Baden-Baden ab. Zuvor lernte er bei den Top-Adressen in Deutschland. Dazu gehörten einige Stationen bei Sterneköchen wie Hartmut Leimeister in Hamburg, Jörg Müller auf Sylt und Ludwig Bechter vom Restaurant Imperial auf der Bühler Höhe. „Ich wollte schon immer bei den Besten lernen und meine 1,5 Jahre bei Eckart Witzigmann sind eigentlich die Zeit gewesen, die mich am meisten geprägt hat" sagt Guido Mertens heute. Im bekannten Restaurant Aubergine in

München arbeitete er als Chef-Saucier. Die letzte Station war dann schließlich Wiesbaden, wo er im Nassauer Hof mit dem Restaurant Ente von Lehel seine Kochkünste weiter verfeinerte. Im Herzen der Baumberge, im malerischen Ort Billerbeck, hat er dann schließlich das Hotel und Restaurant Zum Ludgerusbrunnen übernommen, um hier seine Gäste fürstlich zu verwöhnen.

Mehrere Erzählungen ranken sich um den Heiligen Ludgerus, der eine besondere Beziehung zum Münsterland hatte. An diesem Ort soll Ludgerus mit Hilfe von 2 Gänsen eine Wasserquelle gefunden haben, die heute noch nicht

versiegt ist. Am Stadtrand gelegen, bietet das familiär geführte Haus vom Biergarten über Wintergarten und Festsäle für jeden Wunsch und Anlass das Richtige. Guido Mertens, Küchenmeister des Hauses, schafft es immer wieder, jeden Gaumen zu überraschen. Ob er einen zünftigen Schmaus zum süffigen Bier oder das 5-Gänge-Menü zum exquisiten Wein serviert, mit viel Liebe und Perfektion geht er in jedem Fall ans Werk. Die Kreativität des hier vorgestellten Rezepts macht deutlich, dass der Koch auf hohem Niveau in der Lage ist, internationale Einflüsse mit der Münsterländer Küche zu vereinen.

3 Tapas-Interpretationen
mit westfälischem Flair

Rezept für 4 Personen

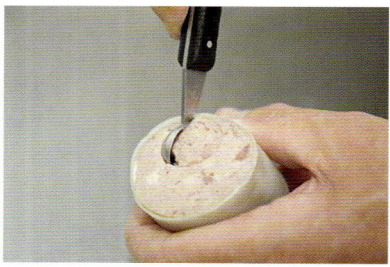

Zutaten:

Für Trockenpflaumen in westfälischem Schinken:
12 Trockenpflaumen
12 Scheiben luftgetrockneter Schinken

Für Leberwurst in Pumpernickel auf Apfelgelee:
100 g frische grobe Leberwurst
vom Metzger
100 g Pumpernickel, fein zerbröselt
2 Blätter Gelatine
200 ml Apfelsaft
etwas Öl

Für Spargel-Ragout auf Bärlauchmousse:
4 Stangen Beerlager Spargel
250 g frischer Bärlauch
100 g Butter
75 g Sahne
200 g fein gehackte Gemüsewürfel
(Sellerie, Karotte, Lauch)
etwas körniger Senf
etwas Estragonessig
etwas Rapsöl
frische Kräuter nach Geschmack

1. Pflaumen in Schinken einrollen und auf 130 °C im Backofen 10 Minuten ausbacken.

2. Öl und Apfelsaft erhitzen. 2 Blätter Gelatine darin auflösen und kaltstellen. Das kalt gewordene Gelee in sehr kleine Stücke schneiden oder durch eine Kartoffelpresse drücken.

3. Mit einem kleinen Parisienne (Ausstecher) Kugeln aus der Leberwurst formen, in Pumpernickelbröseln wälzen und auf den Apfelgeleewürfeln anrichten.

4. Bärlauch mit Butter in der Moulinette zu einer schaumigen Masse aufschlagen. Sahne schlagen, mit Salz, Pfeffer und Zitronensaft abschmecken. Eventuell eine Prise geriebene Muskatnuss zugeben.

5. Gemüsewürfel in etwas Öl kurz anbraten. Beerlager Spargel schälen und bissfest kochen, kalt abschrecken, in Scheiben schneiden, mit körnigem Senf, Gemüsewürfel vermengen. Mit Estragonessig und Rapsöl abschmecken. Frische Kräuter nach Geschmack dazugeben und in 4 Gläsern servieren.

Walkenbrückentor in Coesfeld

Christian Richter
Spargelspitzen einmal anders

Restaurant Splenterkotten in Rheine-Elte. 2010 wurde er dann Küchenchef im Brauhaus Stephanus in Coesfeld. Die münsterländische Küche liegt ihm am Herzen und ihr ist er immer treu geblieben. Dass er aber auch über den Tellerrand hinaus schauen kann, beweist er mit seinem Rezept für dieses Kochbuch. Ein heimisches Produkt einmal anders zu präsentieren, das war die Idee, als Christian Richter die Spargelspitzen mit der Süße von Erdbeeren und der Schärfe des Chili kombinierte. Das Brauhaus Stephanus bietet das ganze Jahr über Kulinarisches, Unterhaltsames und Interessantes für Groß und Klein. Vom „Live

Brotbacken" bis zur „Brauschau", bei der das Stephanus Bräu aus dem eigenen Tiefenbrunnen (102 Meter) zur Veranschaulichung für die Gäste gebraut wird – so findet eine Einführung in die Braukunst dieses mildsüffigen Getränks statt. Das vorgestellte Gericht, „Spargelspitzen auf Chili-Sabayon mit Erdbeerconcasse" passt zum Brauhaus Stephanus. Dieses herrlich leichte und trotzdem herzhafte Gericht ist gerade so, als hätten es die geschäftsführenden Brüder Matthias und Stephan Rulle selbst in Auftrag gegeben.

Wer das Brauhaus Stephanus in Coesfeld kennt, der weiß, dass hier die rustikale westfälische Küche zu Hause ist. Und was passt zu dieser Küche am besten? Ein Koch wie Christian Richter. Der gebürtige Steinfurter entdeckte seine Liebe zum Kochen erst über einen Umweg. Zunächst machte er eine Ausbildung zum Restaurantfachmann im Gasthof Driland in Gronau.
Noch während dieser Ausbildung entdeckte er seine Leidenschaft für das Kochen. Direkt im Anschluss absolviert er eine Ausbildung zum Koch. Sein Lehrmeister war Markus Wältering vom

Spargelspitzen auf Chili-Sabayon
mit Erdbeerconcasse

Rezept für 4 Personen

Zutaten:

24 Spargelspitzen
12 mittelgroße Erdbeeren
1–2 grüne Chilischoten
1–2 rote Chilischoten
4 Eigelbe
150 ml Rotwein
4 EL Zucker

1. Die Spargelspitzen kochen, die Erdbeeren waschen und in kleine Würfel schneiden. Die grünen Chilischoten in feine Scheiben schneiden und entkernen. Die roten Chilischoten halbieren, entkernen und in feine Würfel schneiden.

2. Die Eigelbe mit dem Zucker und dem roten Chili in eine Metallschale geben und mit dem Schneebesen schaumig schlagen. Die Schüssel in ein heißes Wasserbad stellen. Das Wasser darf nicht kochen, da das Eigelb sonst gerinnt! Die Masse schlagen, bis sie dick-cremig und hellgelb ist.

3. Den Rotwein während des Schlagens dazufließen lassen, bis die Masse schaumig ist.

4. Die Sabayon muss sofort angerichtet werden, da sie sonst zusammenfällt. Anschließend mit dem Erdbeerconcasse bestreuen. Die Spargelspitzen anrichten und mit den Chilischoten ausgarnieren.

Stadtkirche St. Dionysius in Rheine

Tobias Borcharding
reiht sich nahtlos in die 300-jährige Tradition des Hauses ein

Tobias Borcharding serviert im Mesumer Gasthaus, das seit fast 300 Jahren im Familienbesitz ist, eine mehrfach ausgezeichnete Mischung aus moderner, gesunder, regionaler und saisonaler Küche.

Seine Lehr- und Wanderjahre begann er mit einer Kochausbildung im Parkhotel Schloss Hohenfeld bei Wolfgang Stein in Münster. Es folgten Wiesbaden, Frankfurt, Mainz und Heidelberg, bevor er 2003 ins Münsterland zurückkehrte. Hier leitet er als Küchenchef das 1712 gegründete Traditionshaus Borcharding in Rheine Mesum. Mit seinem Know-How und dem engagierten Küchenteam sorgt

er für eine exzellente Küche. Die hier zubereiteten Speisen sind hausgemachte, münsterländische und internationale Spezialitäten mit dem gewissen Format. Das Sortiment wird durch eigene Kreationen des Küchenchefs in der Spargel-, Pfifferlings-, Matjes- und Wildsaison ergänzt.

Das Hotel und Restaurant Borcharding bietet seinen Gästen sieben verschiedene Gasträume mit eigenständigem Ambiente: vom Gastraum von 1712 über die liebevoll eingerichtete Weinstube bis hin zum großen Atrium aus Glas und Marmor.

Das Rezept, das Tobias Borcharding für dieses Buch ausgesucht hat, ist aus der allseits sehr beliebten „Rote Bete Schaumsuppe" entstanden. Es war eine Blitzidee, welche einen großen Zuspruch erntete: aus der Suppe wurde eine schaumige Vorspeise. Die neue Kreation ist ihm zweifellos gelungen. „Diese Vorspeise ist ein Gericht aus der leichten und modernen münsterländischen Küche. Das Rote Bete Mus wird vorsichtig mit geschlagener Sahne vermengt und mit Apfelsalat kombiniert, der durch Balsamicoessig, Rapskernöl, Chili, Petersilie, Salz und Pfeffer den richtigen Pfiff bekommt."

Rote Bete Schaum
auf pikantem Apfelsalat

Rezept für 8 Personen

Zutaten:

Für den Rote Bete Schaum:
350 g Rote Bete
100 ml Rote Bete Saft
400 g Sahne
20 g Gelatine
Salz
Pfeffer
Zucker

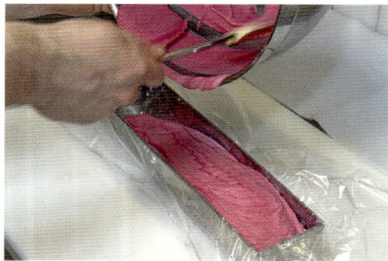

Für den Apfelsalat:
4 Äpfel
1 kl. Chilischote
1 kl. Bund glatte Petersilie
3 EL Zucker
3 EL heller Balsamicoessig
6 EL Rapskernöl
Salz
Pfeffer

1. Die Rote Bete mit dem Saft in einem Mixer fein pürieren und danach in einen Topf geben.

2. Die Masse erwärmen und mit Salz, Pfeffer und Zucker abschmecken. Anschließend die Gelatine einweichen und dazugeben.

3. Das Ganze auf eine Temperatur von ca. 20 °C abkühlen lassen. In der Zwischenzeit die Sahne aufschlagen und anschließend unter die erkaltete Masse heben.

4. Die Masse in einer vorbereiteten Form mindestens 4 Stunden kalt stellen.

5. Die Äpfel entkernen, in feine Stücke schneiden und in eine Schüssel geben. Den Essig, Rapsöl und Zucker hinzufügen und alles gut vermengen.

7. Die Chilischote längs halbieren und die Kerne entfernen. Anschließend in feine Streifen schneiden und zu den Äpfeln geben.

8. Die Petersilie waschen, die Blätter abzupfen und zum Salat geben. Mit Salz und Pfeffer abschmecken und 2 Stunden im Kühlschrank marinieren lassen.

Schloss Ahaus in Ahaus

Thomas Enning
rührte schon in vielen Töpfen

London", Hydepark. Es folgten das Mönch's Posthotel, ebenfalls mit einem Michelin-Stern dekoriert, dann die Schweiz. Im Skifahrerörtchen Flims Waldhaus kochte er im Hotel Adula für den gehobenen Geschmack der Hotelgäste und für das französische Gourmetrestaurant. Danach kehrte er wieder ins Münsterland als Souschef in den Lindenhof nach Borken zurück. Nach dieser Zeit besuchte er die Bavaria Hotelfachschule in Altötting-Alzgern, wo er später die Prüfung zum Küchenmeister ablegte. 1996 übernahm Thomas Enning den elterlichen Betrieb in Ahaus, den er jetzt seit 2002 mit seiner Frau Doris leitet.

Das sichere Gespür für beste Zutaten und Zusammenstellungen liegt ihm im Blut. In der ehemaligen Mautstation Zur Barriere, in der malerischen Gegend nahe der holländischen Grenze, verwöhnt er seine Gäste mit ständig neuen Ideen und Themen. Ganz besonders Meeresfrüchte und Fisch gehören zu den Spezialitäten seiner Küche. Darum verwundert es auch nicht, dass er hier ein Gericht aus Edelfischen vorstellt. Als Plattfische klassifiziert, gehören Seezunge und Steinbutt zu den begehrtesten Edelfischen. In der Kombination von Thomas Enning sind sie ein traumhafter Genuss.

Als ihn der elterliche Betrieb Ende 1993 wieder nach Ahaus zog, hatte er von August 1985 an schon einige Kilometer in verschiedenen Betrieben abgelaufen. Im 3. Lehrjahr gewann Thomas Enning im Meerfelder Hof, Dülmen, den Kochwettbewerb „Rolinck Pokal" und dies gab ihm die Möglichkeit, seine Laufbahn als Koch im Hotel Vier Jahreszeiten Kempinski München als Commis de Cuisine zu beginnen. Das dort untergebrachte Restaurant Walterspiel wurde mit einem Stern im Michelinführer geführt. Von dort ging es mit unterschiedlichen Stationen in der Küche zum „Intercontinental

Babysteinbutt & Seezunge
mit Flusskrebs, Champagnersauce und Gemüseperlen

Rezept für 4 Personen

Zutaten:

1 Seezunge (ca. 500–600 g)
1 Babysteinbutt (ca. 500–600 g)
4 Flusskrebse
1 Scheibe Weißbrot
1 Möhre, 1 Zucchini
100 g Lachsfilet (gewürfelt)
100 g Sahne
Noilly Prat (französischer Wermut)
0,1 g Safran, Bärlauch, Petersilie

Für den Fond und die Sauce:

1 l Wasser
Saft 1/2 Zitrone
die übrig gebliebenen Fischkarkassen
1/2–1 Lorbeerblatt
1–2 Zweige Thymian
3 Pfefferkörner (zerstoßen)
5 cl Sahne
1/2 TL Crème fraîche
1/2 Schalotte
4 cl trockener Riesling
4 cl Champagner
Meersalz, etwas Mondamin

Salz, weißer Pfeffer aus der Mühle

1. Den Fisch filetieren und die Fischkarkassen (Gräten mit Kopf) wässern. Den Fond aufkochen, abschäumen, 30 Minuten köcheln lassen. Dann etwas ziehen lassen und vorsichtig durch ein Tuch passieren.

2. Aus gekühltem Lachs (0–3 °C), eiskalter Sahne, einer Prise Salz, Nolly Prat, Safran und weißem Pfeffer eine sämige Farce herstellen, abschmecken und kalt stellen. Das Weißbrot ohne Rinde mit Bärlauch und Petersilie ebenfalls gut mixen.

3. Die Möhren- und Zucchiniperlen ausstechen und mit Salzwasser überbrühen. Die Flusskrebse in dem kochenden Fischfond kurz aufkochen und 2 Minuten ziehen lassen.

4. Schalottenwürfel in Butter anschwitzen und mit dem Riesling ablöschen. Sahne und 1/8 l Fischfond dazugeben, aufkochen und mit dem angerührten Mondamin binden. Gut durchkochen und zum Schluss mit Crème fraîche, Butter und Champagner aufmixen und mit Salz und Pfeffer abschmecken.

5. Die Seezungenfilets würzen, zu einer Art Schleife anrichten und mit Lachsfarce füllen, dann bei 80°–85 °C dämpfen. Die Babysteinbuttfilets ganz kurz anbraten, die Bärlauchkruste darauf geben, leicht andrücken und mit einem guten Olivenöl beträufeln, anschließend überbacken.

Klassik am Emsstrand in Greven

Helmut Gähr
mit Liebe zum Detail

Westfälische Tradition und leckere Genüsse erwarten den Besucher im Restaurant Zum Vosskotten. Hier kocht Helmut Gähr nach bestem westfälischen Handwerk, was die Gäste aus dem Münsterland gerne essen. Nach Ausbildung und Berufserfahrungen in besten Restaurants und Hotels der Umgebung, kam er zurück in seine Heimat, um hier die Küchenleitung in dem von der Familie Temme in der 3. Generation geführten Unternehmen zu übernehmen. Aus einer umfangreichen Karte bereitet Helmut Gähr feine Gerichte der modernen westfälischen Küche sowie leichte Speisen mit

mediterraner Finesse. Die stets frischen Zutaten werden überwiegend aus der näheren Umgebung eingekauft, denn Qualität und Vertrauen zum Hersteller sind für das Vosskotten Team wichtig. Die liebevollen, bis ins Detail abgestimmten Dekorationen und der offene Kamin, das ist hier das ganz Besondere, das die Gäste zum Bleiben und Genießen einlädt.

1724 ließen die beiden Fürstbischöfe Clemens-August und Maximilian-Friedrich den Max-Clemens-Kanal bauen, der jetzt vor der Haustür der Wirtschaft Vosskotten liegt. Er hatte vor gut 200 Jahren eine immense Bedeutung, weil er neben der Ems die zweite Wasserstraße im Münsterland war. Die Bischöfe hatten sich mit dem Bau eine geniale Idee ausgedacht, um Münster mit der Nordsee zu verbinden. Heute liegt der Kanal stumm und vergessen der Siedlung Vosskotten zu Füßen. Auf der Straße vor dem Vosskotten zogen die Händler aus Nord und Süd schon vor zweihundert Jahren mit ihren Waren auf den berühmten Grevener Markt und wem dabei nach einer Stärkung war, der kehrte im Vosskotten ein.

Ein gelungenes Beispiel für die Kochkunst Helmut Gährs ist das Rezept „Sashimi von Thunfisch", das er hier präsentiert.

Sashimi von Thunfisch
mit Paprika-Sojasprossensalat

Rezept für 4 Personen

Zutaten:
600 g Thunfisch am Stück
200 g Sojasprossen
200 g Paprika (rot, gelb, grün)
2 rote Zwiebeln
1/2 Chilischote
40 g gerösteter Sesam
6 EL Sojasauce
Saft einer Limette
2 EL Sherry
15 g Wasabi
30 g Sauerrahm
Salz und Pfeffer aus der Mühle
Zucker
0,2 l Sesamöl

1. Sojasauce, Limettensaft und entkernte, gehackte Chili verrühren. Thunfisch von allen Sehnen befreien und der Länge nach in 4 Stücke schneiden (Kantenlänge ca. 4–5 cm). Thunfischstücke in der Marinade wälzen und ca. 30 Minuten ziehen lassen.

2. Thunfisch aus der Marinade nehmen und in den Sesamkörnern wälzen. Danach in einer heißen Pfanne von allen Seiten ca. 1,5 Minuten anbraten. Aus der Pfanne nehmen und auskühlen lassen.

3. Paprika waschen, entkernen und in sehr feine Streifen schneiden. Zwiebeln schälen und ebenfalls in sehr feine Streifen schneiden.

4. Das Gemüse zu den gewaschenen Sojabohnen geben. Den Sherry, etwas von der Marinade und das Öl hinzufügen. Mit Pfeffer, Salz und Zucker würzen und gut durchmischen.

5. Sauerrahm mit dem Wasabi mischen und in ein Schälchen füllen.

6. Paprika-Sojasprossen zuerst auf einen Teller anrichten. Den kalten Thunfisch in sehr dünne Scheiben schneiden und um den Salat legen. Dazu werden die Wasabicreme, Sojamarinade und eingelegter Ingwer gereicht.

Die Burg Anholt in Isselburg

Jörg Brune
kocht mit Schlossgeistern

er dort gemeinsam mit seinem Bruder Peter Brune Geschäftsführer.

Was Jörg Brune und seine Brigade an „Schlossgeistern" hier dem Gast servieren ist feinstes Kochhandwerk. Mit viel Mut, Kreativität und Leidenschaft werden Sommer- und Wintermenüs gestaltet, die schon beim Lesen die Neugier wecken und die man unweigerlich auf der Zunge spüren möchte. Neue Nuancen der Gourmetküche mit den feinsten Zutaten bereitet, das findet der Gast im idyllisch gelegenen Restaurant Wasserpavillon.

Die Wasserburg Anholt liegt im äußersten Zipfel Westfalens, direkt an der niederländischen Grenze und dem Niederrhein. Das inmitten des Schlossteichs gelegene Restaurant bietet einen wunderschönen Blick in den großen Park. Eine erlesene Weinauswahl rundet die möglichen Geschmackserlebnisse ab. Abgelenkt wird der Gast hier nur durch die Enten, die auf dem Wasser am Tisch vorbeiziehen. Hier, am Fuße der Burgmauern, direkt über dem Wassergraben, serviert Jörg Brune dem Gast Kochkunst der Spitzenklasse. Für dieses Buch hat er ein für die Region typisches Rezept ausgewählt, das eigentlich heißen müsste: „Der Himmel auf Erden", denn auch hier liegt die Kunst im Detail.

Die Kochkarriere von Jörg Brune begann im Schloss Hugenpoet in Essen und führte ihn dann nach Colmar in Frankreich und von dort aus nach London, wo er im Mosiman's Restaurant und im Langham Hilton Erfahrungen sammelte. Zurück in Deutschland verfeinerte er sein Wissen im Landhaus Köpp in Obermörmter und widmete sich in Mannheim im Ristorante Da Gianni den südländischen Gaumenfreuden. Als staatlich geprüfter Gastronom kehrte der Küchenmeister dann zum elterlichen Betrieb ins Parkhotel Wasserburg Anholt zurück und arbeitete dort als Küchenchef. Seit dem Jahr 2000 ist

Himmel und Erde

mit gebratener Blutwurst und Salat von Pfifferlingen

Rezept für 4 Personen

Zutaten:

Für die Blutwurst und den Pfifferlingsalat:

12 Scheiben Blutwurst (1 cm Stärke)
4 EL Jus
2 Äpfel (Sorte Boskop)
4 Schalotten (geschält, gewürfelt)
300 g mehlig kochende Kartoffeln
320 g Pfifferlinge
3 EL Olivenöl
1 EL weißer Balsamico
100 g Friseesalat
20 g Kerbel
außerdem: Butter, Milch, Sahne,
Salz, Pfeffer, Muskat, Zucker

Für die Zwiebelmarmelade:

400 g rote Zwiebelwürfel
150 g brauner Zucker
0,3 l Rotwein
0,2 l roter Portwein
0,2 l Madeira
1 Lorbeerblatt, 2 Wacholderbeeren
5 Pfefferkörner, 1 Sträußchen Thymian

1. Für die Marmelade den Alkohol auf 0,3 l reduzieren. Den Zucker im Topf karamellisieren, die Zwiebelwürfel zugeben und mit der Reduktion auffüllen. Die Gewürze in einem sauberen Leinentuch in den Topf hängen. Die Zwiebeln zu einer glatten marmeladenartigen Masse kochen. Eventuell mit Stärke etwas binden.

2. Die geschälten Kartoffeln in Salzwasser weich kochen und mit Milch, Sahne und etwas Butter zu einem Püree verarbeiten. Mit Salz, Pfeffer und Muskat würzen. Die Äpfel schälen, das Kerngehäuse ausstechen und vier Scheiben (ca. 3–4 mm Stärke) schneiden. Den Rest der Äpfel fein würfeln. Erst die Hälfte der Schalottenwürfel in zerlassener Butter glasig anschwitzen, dann die Äpfel kurz mitdünsten (die Äpfel sollen nicht zu weich werden). Dieses Gemisch unter das Kartoffelpüree geben. Die Blutwurst in Mehl wenden. Die Apfelscheiben mit etwas Zucker und die Blutwurstscheiben in der Pfanne in Butterschmalz braten.

3. Die Pilze putzen, mit den restlichen Schalottenwürfeln kurz in Öl anschwitzen, mit Salz und Pfeffer würzen und erkalten lassen. Das Olivenöl mit dem Essig vermengen, etwas von dem aufgefangenen Pfifferlingfond dazugeben und mit Salz, Pfeffer und Zucker würzen. Die Vinaigrette über die Pfifferlinge geben. Den Friseesalat und den Kerbel kurz von dem Anrichten durch die Vinaigrette ziehen. Die Zutaten nach Belieben übereinander schichten und mit den Pilzen und Salat dekorieren.

Altes Rathaus und St.-Agatha-Kirche in Dorsten

Björn Freitag
das kulinarische Multitalent

Wer sich mit gutem Essen beschäftigt, der kennt den Namen „Ente vom Lehel" in Wiesbaden ganz sicher. In dieser Küche mitzukochen, das prägte den kulinarischen Anspruch und die Sicht von Björn Freitag. Nach dem Tod des Vaters 1997 übernahm er nach einigen spannenden Jahren, in denen er seine Erfahrungen in ganz Deutschland ausbaute, mit 23 Jahren den elterlichen Betrieb in Dorsten und gestaltete das Haus komplett um. Auch kulinarisch gab er dem Restaurant ein ganz neues Gesicht. Küchenchef Björn Freitag kocht hier – oder sollte man lieber sagen „zaubert" hier – die herrlichsten Gerichte

auf den Tisch. Der große Erfolg stellte sich schnell ein, denn bereits vier Jahre nach der Übernahme erkochte er sich seinen ersten Michelin-Stern. Und auch die Medien ließen nicht lange auf sich warten. Der ehemals „junge Wilde" arbeitet heute gleich für mehrere TV Sender, u. a. in der WDR Sendung „der Vorkoster". Und auch als Kochbuchautor von z. B. „Sternesnacks" und „Freitag in Deutschland" ist das Multitalent erfolgreich.

Sein geniales Rezept fürs Kochen lautet: „Lieber mal `ne Zutat weglassen und stattdessen puristisch lecker kochen!" Das elegante und modern eingerichtete Restaurant Goldener Anker bietet hierfür genau den richtigen Rahmen. Perfekt für den „Sternekoch, Sterneküche und Sternchen in den Augen-Abend!" In diesem Buch stellt Björn Freitag zusammen mit seinem Souschef David Spickermann eine Dim Sum Kreation vor. Dim Sum stammt ursprünglich aus China. Hier werden kleingehacktes Huhn oder Fleisch in kleine Teigtaschen eingepackt, die dann gedämpft oder frittiert werden. Traditionell werden sie in Teehäusern gereicht. Sternekoch Björn Freitag kombiniert sie allerdings hier ganz „unchinesisch".

Wachtel Dim Sum

mit Entenleber und Steinpilzen an Preiselbeer-Relish

Zutaten:

Für Dim Sum:
8 Scheiben Wan Tan Teig
(tiefgekühlt, aus dem Asia-Shop)
1 Eiweiß zum Bestreichen des
Wan Tan Teigs
8 Wachtelbrüstchen, in Würfeln
2 EL Geflügelfarce
2 EL gehackte Kräuter
Salz, Pfeffer, Muskatnuss

Für den Sherryschaum:
200 ml Sherry
200 ml Hühnerbrühe
3 Zweige Thymian
1 EL Butter, 200 ml Sahne
Salz, Pfeffer

Preiselbeer-Relish:
200 g Preiselbeeren
1 Zwiebel (gewürfelt), 1/2 TL Quatre
Epices (Gewürzmischung)
1 Spritzer Tabasko
1 EL Pflanzenöl, 1 EL Walnussöl
1 Prise Salz, 1 EL Zucker

Außerdem:
200 g Entenstopfleber
100 g Mehl
300 g Steinpilze (geputzt, geviertelt)
1 EL Butterschmalz
Salz, Pfeffer

1. Für die Teigtaschen alle Zutaten (außer dem Teig) in einer Schüssel mischen und abschmecken. Die Wan-Tan-Blätter ausbreiten und an den Rändern mit Eiweiß bestreichen. Dann mit der Wachtel-Farce füllen und verschließen (siehe Abbildung). Mit Sherry, Brühe und Thymian einen Fond aufsetzen und die Ravioli bei 80°C darin (ca. 2 Minuten) ziehen lassen.

2. Für den Sherryschaum den Thymian in einem Topf mit der Butter leicht anschwitzen und mit den restlichen Zutaten ablöschen. In diesem Fond werden die Dim Sum pochiert und im Anschluss zur Hälfte einreduziert und mit dem Mixstab vor dem Anrichten aufgeschäumt.

3. Die Zwiebelwürfel mit dem Pflanzenöl in einer Pfanne glasig braten. Nun die restlichen Zutaten hinzufügen und ca. 1 Minute köcheln lassen. Das Preiselbeer-Relish warm servieren.

4. Die Entenstopfleber in vier gleichgroße Scheiben schneiden, salzen, mehlieren und 30 Minuten einfrieren. Die Leberscheiben nun in einer heißen Pfanne ca. 30 Sekunden von beiden Seiten braten und auf Küchenpapier noch 1 Minute ruhen lassen. Die Steinpilze in einer beschichteten Pfanne anbraten und mit Salz und Pfeffer würzen.

Der Burgturm in Davensberg

Ulrike Schütte und Martina Thier
führen das Regiment bei Eickholt

und der Ausbau der Küche in den 90er Jahren machte das Gasthaus endgültig fit für den Ansturm größerer Gesellschaften. Ein großer Wurf gelang der Familie Eickholt mit dem Bau einer Swin-Golf-Anlage, die sich großen Zuspruchs erfreut.

Ob die Dichterin Annette von Droste-Hülshoff hier auch Golf gespielt hätte, weiß man nicht, aber sie schrieb über das Münsterland: „Hier möchte ich sein, nur hier und nirgendwo sonst." Und das gemütliche Gasthaus Eickholt liegt mittendrin, am Rande des Naherholungsgebietes Davert, umgeben von herrlichen Wäldern, vielen verträumten Wasserschlössern,

alten Burgen und prunkvollen Herrensitzen, die einen Ausflug lohnen. Seit dem Mittelalter ranken sich hier Märchen und Sagen. Eine handelt vom Rentmeister Schenkwald, der angeblich durch die Davert geistert und den Leuten Angst macht. Eine weitere Sage erzählt vom „Hohomännchen", das die Reisenden mit seinem Ruf „Ho-ho" vom rechten Weg abringen soll.

Und wer sich nicht von diesen Geistwesen abschrecken lässt und im Gasthaus Eickholt ankommt, der kann sich die hier vorgestellte Spezialität mit italienischem Anklang bestellen. Guten Appetit!

Den Gast, der sich auf den Weg zum Restaurant Eickholt macht, erwartet ein gemütliches Haus mit Kaminzimmer, Festsaal und Biergarten. Die beiden Schwestern Ulrike Schütte und Martina Thier verwöhnen dort ihre Gäste mit bürgerlichen Spezialitäten aus dem Münsterland. Das Kochen haben sie bei der Mutter Martina Eickholt erlernt und über die Jahre ständig verfeinert. Das vor über 50 Jahren – wie oftmals im Münsterland – aus einem landwirtschaftlichen Familienbetrieb entstandene Gasthaus wurde in den Folgejahren oft erweitert. Das Gasthaus wurde immer größer, die Zimmer wurden modernisiert

Weiße Tomatensuppe

mit Grissini und Parmaschinken

Rezept für 4 Personen

Zutaten:

2 kg Tomaten
2 Schalotten
15 Basilikum-Blätter
50 g Butter
6 Eiweiß
250 ml Sahne
100 ml Milch
4 Grissini
12 Scheiben Parmaschinken
Salz
Zucker
Pfeffer

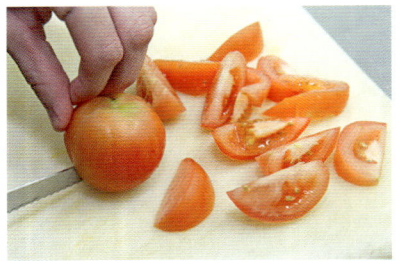

1. Die Schalotten schälen, klein schneiden und mit etwas Butter andünsten. Tomaten in Viertel schneiden und dazugeben. Alles etwa 10 Minuten kochen lassen, bis die Tomaten weich sind.

2. Das Eiweiß hinzufügen und mit einem Pürierstab klein pürieren. Die Basilikum Blätter dazugeben und ca. 5 Minuten leicht köcheln lassen.

3. Das aufgekochte Tomatenpüree in ein Passiertuch schütten und den Fond auffangen. Gelegentlich das Passiertuch etwas ausdrücken, aber nicht zu stark – der Fond muss gelblich klar bleiben.

4. Zu dem Fond die Sahne und die Milch geben. Alles noch einmal aufkochen und mit Salz, Pfeffer und etwas Zucker abschmecken.

5. Die fertige Suppe in Tassen füllen, die Grissini mit dem Parmaschinken umwickeln. Die Suppentasse und das Grissini auf einem großen Teller dekorieren und dann servieren.

Haltern am See

Christof Peeters
Bei seiner Art zu kochen kommen Urlaubsgefühle auf

Dass Christof Peeters mit seiner Heimat, der Westruper Heide, sehr verbunden ist, das ist nicht schwer zu erraten. Hierhin hat es ihn immer wieder zurückgezogen, wenn er auch in verschiedenen Hotels und Restaurants in Deutschland seine Erfahrungen sammelte. Wohlklingende Namen von Sterneküchen wie Waldhotel Krautkrämer und Wald Schlosshotel Friedrichsruhe sind darunter. Auch das Seehotel Töpferhaus in Alt Duvenstedt gehörte zu seinen Stationen. Aber 2001 zog es ihn dann doch wieder zurück ins Münsterland, wo er als Küchenchef im Hotel Seehof Haltern das Küchenteam leitet.

Bereits 1927 erbaute der Unternehmer Rohling das Hotel Seehof, drei Jahre bevor der Halterner Stausee geflutet wurde. In den 4 Restaurants und im Bistro des Seehofs bietet Christof Peeters eine feine regionale, internationale und eine leichte SPA-Küche an. Dabei ist ihm der Einsatz von saisonal frischen Qualitäts-Produkten sehr wichtig. „Wir kaufen fast alles von Erzeugern der Region" sagt er über seine Küchenphilosophie, die beim Durchlesen der Speisekarte schon verrät: Hier ist ein leidenschaftlicher Koch am Werk. Abgerundet wird das kulinarische Erlebnis durch den herrlichen Blick auf den Halterner See.

„Wenn man nicht aufpasst, kommen ganz schnell Urlaubsgefühle auf", meint Christof Peeters über seinen schönen 4-Sterne-Arbeitsplatz. Apropos Urlaub, da kann man natürlich verstehen, dass regionale Gerichte mit mediterranen Nuancen präsentiert werden. Auch für dieses Buch hat Christof Peeters ein Rezept ausgesucht, das seine Art, die regionale Küche mit internationalen Akzenten zu interpretieren, sehr schön zeigt. Auf kulinarisch höchstem Niveau finden Sie die Kombination von weich und knusprig, süß, sauer, scharf und in jedem Fall: Sehr lecker!

Kalbstafelspitzsülze
mit Meerrettich-Espuma & violetten Kartoffelchips

Rezept für 4 Personen

Zutaten:

300 g gekochter Kalbstafelspitz
(gewürfelt)
0,5 l Tafelspitzbrühe
60 g Karottenwürfel (blanchiert)
60 g Steckrübenwürfel (blanchiert)
60 g Selleriewürfel (blanchiert)
60 g Porreewürfel (blanchiert)
60 g Zucchiniwürfel (blanchiert)
6 Blatt Gelatine
heller Balsamicoessig
ein paar violette Kartoffeln
Salz
Pfeffer
Zucker

Für den Meerrettichschaum:

350 ml Hühnerbrühe
Zitronensaft
40 g geriebener Meerrettich
200 ml Sahne
2 Blatt Gelatine
Salz
Pfeffer

1. Für die Kartoffelchips die violetten Kartoffeln in hauchdünne Scheiben hobeln und in heißem Fett ausbacken. Auf Küchenpapier entfalten und salzen.

2. Den gewürfelten Tafelspitz mit Salz, Pfeffer und Balsamico marinieren. Die Brühe mit Salz, Pfeffer, Zucker und Essig kräftig abschmecken und die eingeweichte Gelatine darin auflösen.

3. Die Gemüse- und Fleischwürfel lagenweise in Timbalform einschichten. Jede Schicht einzeln mit Brühe aufgießen und stocken lassen. Anschließend mehrere Stunden durchkühlen lassen.

4. Vor dem Stürzen die Form kurz in heißes Wasser tauchen und die Tafelspitzbrühe mit den übrigen Zutaten auf einem Teller anrichten.

5. Für den Meerrettichschaum Hühnerbrühe mit Salz und Zucker aufkochen. Meerrettich, Sahne und etwas Zitronensaft zugeben und ein paar Minuten ziehen lassen.

6. Die Meerrettichsahne durch ein Spitzsieb passieren und die ausgedrückte Gelatine unterrühren, nochmals abschmecken und abkühlen lassen. Anschließend in einen Siphon füllen und mit einer N_2O Stickstoff-Patrone laden. Die Sülze mit der Espuma dekorieren.

St. Margareta Kirche in Wadersloh

Jens Bomke
Tradition meets Innovation

geführt. Es hat sich im Laufe seiner Entwicklung den historischen Charme erhalten können, dem Zeitgeist aber sensibel angepasst. Dies gilt im Besonderen für die Küche, welche Haute Cuisine mit regionaler Bocenhaftung gekonnt interpretiert. Jens Bomke verwöhnt seine Gäste heute mit einer französisch-mediterran angehauchten Regionalküche. Diese wird allerdings sehr elegant vollzogen, wie beim legendären Stielmus mit Hummer, das schon Ex-Bundespräsident Roman Herzog zu seinem Abschied aus seiner Berliner Residenz Bellevue genießen durfte. Die Qualität der Zutaten steht dabei an höchster Stelle und Jens

Bomke achtet sehr genau auf seine Lieferanten. Bauern, Pilzsammler und Jäger aus der Gegend wissen das und halten sich an die Vorgaben.

Im Hotel Bomke herrscht eine herzliche Atmosphäre, immerhin leben hier drei Generation unter einem Dach. Ehefrau Christa, eine ausgebildete Ärztin, leitet äußerst charmant den Restaurant-service, während die Seniorchefin den Empfang der Gäste übernimmt. Das vielgerühmte Zwetschgenwasser, ein Vermächtnis Heinrich Bomkes, wird nun traditionsgemäß von Sohn Jens weiter gebrannt. Tradition meets Innovation bei Jens Bomke!

In Lippstadt geboren, absolvierte Jens Bomke die Kochlehre in Münster, tastete sich über Iserlohn und Köln nach Sylt zu Jörg Müller vor, wechselte anschließend in den Schwarzwald in die Traube Tonbach, machte noch einen Abstecher in den Rheingau, bevor er über die Hotelfachschule Heidelberg ins heimische Münsterland zurückkehrte. Seit 1988 ist er wieder zu Hause und in kürzester Zeit erkochte er dem traditionsreichen Haus einen Michelin-Stern (seit 1992). Mitten im kleinen Dorf Wadersloh steht das historische Gebäude. Seit 1874 wird das Hotel unter dem Namen Bomke

Makrele à la Escabêche
mit Chili-Sauerrahm, Gurkengelee & geräucherter Makrele

Rezept für 4 Personen

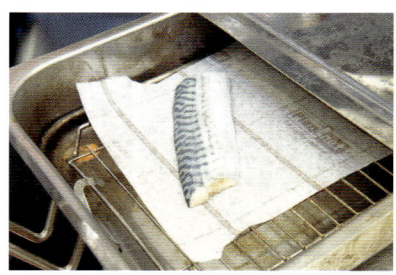

Zutaten:

2 Makrelen à 600 g =
4 frische Makrelenfilets
20 g Buchen-Räuchermehl
3 Wacholderbeeren
1 Knoblauchzehe, 2 Thymianzweige

Für die Marinade:

3 Schalotten, 1 kleine Chili-Schote
20 Korianderkörner, 20 g Karotten
3 Knoblauchzehen,
50 g Staudensellerie,
1/2 Lorbeerblatt, 10 g Ingwer
50 g Weißweinessig
100 g Geflügelfond hell

Für den Chili-Sauerrahm:

50 g Crème fraîche
50 g Schlagsahne, 1 Blatt Gelatine
Chilifäden oder Piment esplette

Für das Gurkengelee:

1/2 Gartengurke mit Schale
1 Blatt Gelatine, Wermut

1. Für die Marinade aus den Gewürzen und Geflügelfond einen Sud kochen, diesen auf 40 °C abkühlen lassen. Dann auf die Hälfte der Makrelenfilets geben, ca. 24 Stunden marinieren.

2. Die zwei weiteren Filets in einer Pfanne mit Siebeinsatz räuchern.

Auf den Pfannenboden Räuchermehl, Wacholderbeeren, Knoblauchzehe und Thymianzweige geben. Den Siebeinsatz mit Alufolie auslegen und die Makrelenfilets ca. 5 Minuten räuchern.

3. Aus Crème fraîche, einigen Chilifäden bzw. Piment esplette, dem Blatt Gelatine und geschlagener Sahne den Chili-Sauerrahm erstellen und in einer kleinen Form oder einem Ring gelieren lassen. 3 Stunden im Kühlschrank stocken lassen.

4. Für das Gurkengelee Gartengurke waschen, pürieren und Salz hinzugeben. 1/2 Stunde später durch Passiertuch seihen und den Fond (je 0,1 l = 1 Blatt Gelatine) mit Gelatine binden. Mit Salz, Pfeffer und etwas Wermut abschmecken. Diesen Gelee auf den Chili-Sauerrahm gießen und kalt stellen.

Dazu serviert Jens Bomke Gurkennudeln, mariniert mit Traubenkernöl sowie Weißweinessig und ein Gurkenrelish. Das Gurkenrelish ist nichts anderes als ein Chutney, jedoch aus Gemüse. Dieses kommt aus der indischen Küche und wird mit Essig und Zucker als Gewürzpaste gereicht. Viel Vergnügen und guten Appetit!

Der Marktplatz in Warendorf

Uwe Aust
Küche mit eigener Handschrift

Nach der Lehre in Baiersbronn-Tonbach wechselte Uwe Aust in die Sterngastronomie: anfangs als Commis de Cuisine und dann stetig die Erfolgsleiter nach oben, bis zum Chef de Cuisine. Die Waldsägmühle in Pfalzgrafenweiler, das Davert Jagdhaus in Amelsbüren, die Wielandstuben in Hamm und das Hotel Krautkrämer in Münster-Hiltrup gehören zu den bekannten Namen seiner Karriere. Sein Restaurant, dem er seine ganz persönliche Handschrift geben konnte, eröffnete er dann im Dezember 2008 in Warendorf. Seit diesem Zeitpunkt führt Uwe Aust, als Patron und Küchenchef im Aust – Das

Landhotel, mit Unterstützung seines Teams erfolgreich Regie.

Das Landhotel ist ein idyllisch gelegenes Hotel mit Restaurant im Herzen des Münsterlandes, umgeben von viel Grün. Mitten in der Natur, ist man aber doch nur wenige Autominuten vom Zentrum Warendorfs entfernt. An der „100-Schlösser-Route" gelegen, ist es Ausgangspunkt für die herrlichsten Ausflüge durchs Münsterland, vorbei an vielen Sehenswürdigkeiten, ob hoch zu Ross, per Pedes, mit der Leeze – wie man hier das Fahrrad liebevoll nennt – oder dem Auto.

Die Küche von Uwe Aust bietet in diesem romantischen Ambiente sowohl rustikale als auch elegante und bisweilen faszinierende internationale Akzente. In diesem Buch stellt er ein Fischrezept vor, das eine Verbindung aus den Küchen verschiedenster Länder ist.

„Das Pfiffige an diesem Gericht ist der fruchtig-pikant schmeckende Kartoffelsalat", so Uwe Aust. Dass er aber trotz Gourmetküche auf dem Boden geblieben ist, zeigt der folgende sympathische Satz: „Meine Tochter Fiona isst diesen Kartoffelsalat am liebsten zu Fischstäbchen!" Ein Gericht also für all jene, die etwas suchen, das man anspruchsvollen Gästen genauso wie den eigenen Kindern servieren kann.

Sautierte Jakobsmuscheln
auf Zitronengras-Kartoffelsalat mit Gurkencarpaccio

Rezept für 4 Personen

Zutaten:

12 Jakobsmuscheln
300 g Pellkartoffeln
(in feine Scheiben geschnitten)
1/4 Salatgurke
20 g Radieschen
10 Cherrystrauchtomaten
30 g Forellenkaviar
50 ml weißer Balsamico-Essig
50 ml Weißwein
50 g Zucker
2 Zitronengrasstangen
(fein geschnitten)
50 ml Rinderbrühe
1 TL körniger Dijonsenf
20 g feines Pflanzenöl
10 g getrocknete Sommerblüten
3 g Sumakgewürz (Essigbrotbaum)
50 ml Fischveloute (Fischgrundsauce)
ein wenig Lauchstroh
4 Petersilienblätter
Salz
Pfeffer

1. Essig, Wein, Zucker, Zitronengras und Rinderbrühe verkochen. Die Kartoffelscheibchen in den heißen Fond geben, Senf und etwas Öl zufügen und mit Salz, Pfeffer und dem Dijonsenf abschmecken. Den Salat etwas ziehen lassen.

2. Die Gurkenscheiben mit ein wenig Balsamico, Zucker und Salz marinieren. Anschließend das Gurkencarpaccio kreisförmig auf einen Teller anrichten und den Zitronengras-Kartoffelsalat mittig platzieren. Den kompletten randlosen Teller mit Sumak, Blüten, Tomaten und Radieschensprossen garnieren.

3. Den Schließmuskel der Jakobsmuscheln entfernen – dieser wird beim Braten zäh. Die Muscheln sehr heiß, von jeder Seite ca. 90 Sekunden glasig anbraten. Anschließend werden die Muscheln auf den Kartoffelsalat gesetzt, mit Forellenkaviar bedeckt, mit Lauchstroh und Petersilie dekoriert.

Das i-Tüpfelchen ist der Schaum der aufgemixten Fischsauce.

Schloss Wilkinghege in Münster

Alexander Frien
Meeresfrüchte und Fisch sind seine Leidenschaft

Schloss Bühlerhöhe, das Kloster Hornbach in Hornbach sowie das Hotel Restaurant Deidesheimer Hof in Deidesheim. Seine Liebe zur mediterranen Küche entdeckte er im Ristorante Da Gianni bei Wolfgang Staudenmaier. Da er nun selbst Küchenchef auf Schloss Wilkinghege in Münster ist, kann er sich frei entfalten und seinen eigenen Stil entwickeln, wobei er der italienischen Küche weitgehend treu bleibt.

Das Wasserschloss Wilkinghege liegt besonders ruhig und idyllisch vor den Toren Münsters. Eine malerische Gräfte umgibt das ganze Anwesen, in dem sich das exklusive Restaurant befindet.

Hier verwöhnt Alexander Frien seine Gäste mit anspruchsvollster Küche. Seine Gerichte sind neuzeitlich und leicht. Verwendet werden ausschließlich frische Produkte, die häufig aus der Region stammen. Aus diesen Kriterien ergibt sich eine nach Saison wechselnde Karte im Schloss Wilkinghege. Erlesene Weine aus dem umfangreichen Weinkeller des Hauses runden die raffinierten Menüs ab. In stimmungsvollen Sommernächten kann man diese auf der vor dem Schloss gelegenen Terrasse genießen. Der Blick auf die schlosseigene Kapelle und den Park ist einzigartig.

Alexander Frien sollte ursprünglich Jura studieren, aber Metzger oder Koch, das waren seine eigenen Wunschberufe. Er setzte sich durch und lernte Koch. Der aus Bad Dürkheim stammende Pfälzer erlernte sein Handwerk bei dem Altmeister Harald Wohlfahrt in der Traube Tonbach in Baiersbronn, in dem Betrieb, in dem er auch die letzten drei Jahre als Küchenchef im Restaurant Silberberg tätig war. Zwischenzeitlich sammelte er umfassende Erfahrungen in der gehobenen Gastronomie. Zu seinen Stationen zählen der Erbprinz in Ettlingen, das Ristorante Da Gianni in Mannheim, das Imperial auf

Jacobsmuscheltatar & Kaisergranat
mit kleinen Tintenfischen und Artischocken

Rezept für 4 Personen

Zutaten:

4 Jakobsmuscheln
4 Kaisergranaten
8 Calamaretti
4 Poveraden
1 Zitrone
6–8 Pfifferlinge
Basilikum
Schnittlauch
Cayennepfeffer
Salz
Zucker
Pfeffer
Olivenöl
1 EL Gemüsewürfel blanchiert
(sehr fein gehackte Gemüsewürfel:
Lauch, Sellerie, Möhren)
1 EL Schalottenbrunoise
(sehr fein gehackte Schalottenwürfel)

1. Jakobsmuscheln aus der Schale lösen, putzen und waschen. Das Fleisch in Würfel schneiden und mit Salz, Cayennepfeffer, etwas Zitronenabrieb, Schnittlauchröllchen und Olivenöl abschmecken.

2. Die Artischocken in reichlich Wasser gar kochen. Anschließend in einer Zitronenvinaigrette (Marinade) marinieren.

3. Die Poveraden und die Pfifferlinge putzen und in Olivenöl garen, anschließend würzen.

4. Die Kaisergranaten ausbrechen, Calamaretti putzen und waschen, die Hälfte in feine Ringe schneiden.

5. Zitronensaft mit Salz und Zucker aufkochen, Olivenöl einmixen, Schalotten- und Gemüsewürfel einrühren, mit Basilikum abschmecken.

6. Das Jakobsmuscheltatar und die marinierten Artischocken auf dem Teller anrichten.

7. Die restlichen Meeresfrüchte in Olivenöl braten, mit Salz und Pfeffer würzen. Mit Kräutern garnieren und mit der Zitronenmarinade beträufeln.

Hauptgerichte

Erbdrostenhof in Münster

Josef Horstmöller
der Tradition verpflichtet

dann schließlich 1996 nach Hause zurückzubringen: in das älteste Gasthaus Münsters. Behutsam führte er dort Änderung im Speisen- und Getränkeangebot durch. Dabei war es Josef Horstmöller sehr wichtig, dass neben einer zeitgemäßen Küche auch die westfälischen Spezialitäten originalgetreu und unverfälscht in bester Qualität beibehalten werden. In alten Kochbüchern suchte er zusätzlich nach vergessenen westfälischen Gerichten, die er in die Speisekarte aufnahm. Tradition verpflichtet schließlich! 2007 wurde das Alte Gasthaus Leve 400 Jahre alt und ist somit Münsters ältestes Gasthaus. Hier wurde schon 1648 der

Westfälische Friede gefeiert und ordentlich gezecht. Wer sich auf die Suche nach Münsters Geschichte macht, der kann sich von den vielen original westfälischen Antiquitäten, alten Kacheln und Wanddekorationen etwas über Münsters Geschichte erzählen lassen. Auf der Speisekarte finden sich auch heute viele Gerichte, die schon 1936, als der Großvater die Gaststätte übernahm, dort gekocht wurden. Zu den Klassikern gehört das Westfälische Zwiebelfleisch – gekochtes Rindfleisch in süß-saurer, weißer Zwiebelsoße. Noch heute wird es als Zwischengericht auf westfälischen Hochzeiten serviert.

Als sein Vater ihn fragte, ob er das Alte Gasthaus Leve übernehmen möchte, gab es für Josef Horstmöller keine Zweifel. Es war ihm eine Ehre, den Traditionsbetrieb weiterführen zu dürfen. Ohnehin war ihm das Kochen schon von Kindesbeinen an auf den Leib geschneidert und schon während der Schulzeit half er gerne im elterlichen Betrieb hinter dem Herd. Im renommierten Hotel Bachmair am Tegernsee absolvierte er eine Kochlehre und wurde dort in der klassischen, hochwertigen Küche ausgebildet. Viele Auslandserfahrungen in Küche, Service und Bar folgten, um Josef Horstmöller

Das Westfälische Zwiebelfleisch
in süß-saurer Soße

Rezept für 4 Personen

Zutaten:

Für das Rindfleisch:
ca. 1 kg Rindfleisch
(z. B. Tafelspitz oder Ochsenbrust)
ein Bund Suppengrün
(Porree, Sellerie, Möhre)
evtl. eine halbe gebräunte Zwiebel
Wasser
Salz

Für die Soße:
250 g gewürfelte Zwiebeln
60 g Butter
20 g Mehl
1/2 l Brühe vom Rindfleisch
1/2 TL scharfer Senf
Salz
weißer Pfeffer
Zucker
weißer Essig

1. Das Rindfleisch, eine gute Prise Salz und das Suppengrün mit kaltem Wasser bedeckt aufsetzen, aufkochen und das austretende Eiweiß abschäumen. Sachte weiterkochen lassen, bis der Tafelspitz gar ist.

2. Die Zwiebeln in Butter bei milder Hitze glasig dünsten. Unter ständigem Rühren das Mehl einstäuben und darauf achten, dass die Zwiebeln keine Farbe annehmen.

3. Mit der Brühe auffüllen und langsam ca. eine halbe Stunde weiterkochen, bis die Zwiebeln weich sind.

4. Mit wenig scharfem Senf, Salz, Pfeffer und Zucker abschmecken. Den Essig erst ganz zum Schluss zufügen, da sonst die Zwiebeln nicht mehr weich werden.

Der Laurentiustag 2010 im Dom zu Münster

Wolfgang Stein
kulinarischer Sonderbotschafter

Der gebürtige Berliner Wolfgang Stein verbrachte seine Schulzeit im kulturell stark von Frankreich beeinflussten Saarland, wo er auch seine berufliche Laufbahn startete. Ausgestattet mit dem Kochtalent seiner Mutter absolvierte er eine Kochlehre, bevor er den ersten prägenden Arbeitsplatz im namhaften Hotel Frankfurter Hof fand. Die kommenden acht Jahre verbrachte Wolfgang Stein in der Schweiz. Unter anderem in Luzern unter der Führung eines früheren engen Mitarbeiters von Escoffier, dem Begründer der modernen gehobenen Küche! Im selben Jahr besetzte der Meisterkoch als Wunschkandidat die

Küchenchefstelle im Hotel Schweizerhof in Berlin. Seine nächste Station zog ihn ins Münsterland zum Waldhotel Krautkrämer. Vierzehn Jahre lang leitete er die Küche des Spitzenhotels, die vom Guide Michelin mit einem Stern ausgezeichnet wurde und wirkte so maßgeblich am Aufstieg des Hotels zu einer der zehn Top-Adressen Deutschlands mit. Auch international stellte er noch einmal sein Können unter Beweis und belegte bei den Europameisterschaften der regionalen Küche in La Rochelle, Frankreich, einen sensationellen vierten Platz und wurde zum „kulinarischen Sonderbotschafter" NRW ausgezeichnet.

Auf der Suche nach neuen Aufgaben wechselte Wolfgang Stein 1997 zu seinem jetzigen Arbeitgeber. Hier liegt ihm unter anderem die Aus- und Weiterbildung seiner Mitarbeiter sehr am Herzen.
Das Gala-Essen der zwanzig europäischen Könige und Staatsoberhäupter anlässlich des 350-jährigen Jubiläums des Westfälischen Friedens war der bisherige Höhepunkt seiner Karriere. Der Küchendirektor im Unternehmen bröker Catering & Event Wolfgang Stein ist mit dem Münsterland immer eng verbunden.

Entenbrust mit einer Tandoorikruste
auf Karotten-Kohlrabicurry

Rezept für 4 Personen

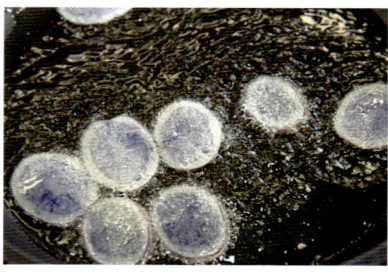

Zutaten:

4 Stück Entenbrüste
(je 180–200 g)
10 g Öl
150 g Tandooripaste
100 g Honig
1 Limone
300 g Karotten in Schiffchenform
100 g Zwiebeln in feinen Würfeln
300 g Kohlrabi in Schiffchenform
20 g Currypulver
100 g Butter
250 g Sahne
Salz, Pfeffer aus der Pfeffermühle
Zucker

1. Die Entenbrüste auf der Hautseite mit dem Messer kreuzförmig einritzen, pfeffern und in dem Öl auf der Hautseite anbraten, umdrehen und im Backofen bei ca. 160 °C fertig garen. Die Entenbrüste herausnehmen und abstehen lassen, dann warm stellen.

2. Tandooripaste, Honig, Limonenabrieb und etwas Saft mischen. Die Kohlrabi und Kartoffeln auf den Punkt dämpfen oder in Salzwasser blanchieren.

3. In einem flachen Topf die Butter zerlaufen lassen, die Zwiebeln dazugeben und anschwitzen. Salz, Pfeffer und den Curry dazugeben, mit etwas Zucker bestreuen und alles kurz anschwitzen. Die Sahne hinzufügen und alles einreduzieren. Die Karotten und den Kohlrabi zugeben, alles aufkochen und gegebenenfalls nachschmecken. Das Gemüse sollte noch einen leichten „Biss" haben.

4. Jetzt die Entenbrüste leicht salzen und mit der Tandooripaste bestreichen. Bei starker Oberhitze im Backofen glasieren. Dann mit dem Gemüse portionsweise anrichten.

Als Beilage können Rosinenreis oder gebratene Bandnudeln serviert werden.

Flughafen Münster-Osnabrück bei Greven

Gisela Wauligmann
Feine westfälische Art im Original

schätzen. „Ich habe dieses Rezept vor 35 Jahren von meiner Schwiegermutter übernommen und es bis heute nicht verändert. Früher musste sie die Kartoffeln mit dem Schälmesser schälen und mit einer kleinen Reibe einzeln verarbeiten. Ca. zwei Zentner Kartoffeln wurden so jeden Freitag verarbeitet und am Karfreitag waren es oft noch viel mehr."

Reibekuchen ist heute kein „Armeleuteessen" mehr! Besonders gut schmecken sie natürlich nur mit den besten Zutaten. Und dafür kann Gisela Wauligmann, die das Restaurant zusammen mit ihrem Mann leitet, garantieren: „Schon im April kaufen wir die ersten frischen Kartoffeln aus Italien, vier Wochen später wird die „Helle Niedersachsen" geerntet und dann können wir es kaum noch abwarten, bis unser benachbarter Kartoffelhof Werning zu „Peter und Paul" uns die frisch gerodeten Kartoffeln in den Keller bringt! Sie sind dann nicht mehr so wässrig, besonders gelb und auch ganz sicher frei von Konservierungsstoffen."

Die typisch münsterländische Gaststätte Wauligmann befindet sich seit 1841 im Besitz der Familie und wird bereits in 5. Generation geführt. Auf der Speisekarte stehen westfälische Spezialitäten, die man hier in gemütlicher Atmosphäre genießen kann, im Sommer auch mit herrlichem Blick ins Emstal. Selbstverständlich stehen auch passende Räumlichkeiten für besondere Anlässe zur Verfügung. „Reibekuchen", auch „Reibeplätzchen" genannt, haben bei Wauligmanns eine lange Tradition: sicherlich seit mehr als 75 Jahren wissen die Gäste diese Spezialität aus der Küche zu

Reibekuchen
Grundrezept

Für 4 Personen

Zutaten:

1 kg Kartoffeln
1 TL Salz
2 ganze Eier
2 EL Weizenmehl
kleine Würfel einer Zwiebel
etwas Fett zum Backen (Braten)

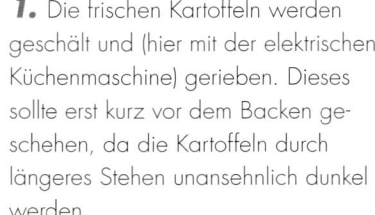

1. Die frischen Kartoffeln werden geschält und (hier mit der elektrischen Küchenmaschine) gerieben. Dieses sollte erst kurz vor dem Backen geschehen, da die Kartoffeln durch längeres Stehen unansehnlich dunkel werden.

2. Die Kartoffeln in einem Sieb etwas von der Flüssigkeit befreien.

3. Salz, Eier, Weizenmehl und die Zwiebelwürfel hinzugeben und die Masse gut verkneten.

4. Den Teig löffelweise in das erhitzte Fett geben und möglichst dünne Kuchen unter einmaligem Wenden knusprig braun backen.

Am allerliebsten werden sie mit hausgemachtem Apfelmus gegessen. Man kann auch Pumpernickel, Bauernstuten mit Butter, Rübenkraut, Preiselbeeren oder einen knackigem Blattsalat mit selbst gemachtem Sahnedressing von Gisela Wauligmann als Beilage wählen. Feinschmecker genießen sie auch mit Graved-Lachs und einer leckeren Dill-Senfsauce.

Ehemalige Germania-Brauerei in Münster

Andreas Lücke

Experimentelle Vielfalt mit heimischen Produkten

„Es gibt viele Köche, aber richtiger Koch wird man nur durch Leidenschaft und Hingabe", das ist das Credo von Andreas Lücke. Nach vielen Stationen im Münsterland und bestandener Meisterprüfung verbrachte er einige Jahre als Sous- und danach Küchenchef in Berlin. In seiner einstigen Heimat Münster ist diese Leidenschaft für das Kochen nun wieder angekommen. Hier kennt Andreas Lücke viele Zulieferer seiner Küche persönlich und weiß genau, wer ihm die Qualität liefern kann, die für seine Küche wichtig ist. Der experimentierfreudige Koch hat sich für das Factory Hotel

und das Restaurant EAT auf Münsters ehemaligem Germania Campus entschieden, weil er die Herausforderung mag und sich hier der Aufgabe stellt, seine junge, kreative und begabte Kochbrigade zur Höchstleistung anzuspornen. „Ich würde sagen, wir haben großes Potenzial in den alten Hallen der ehemaligen Germania Brauerei gebündelt", sagt er über das engagierte Gesamtkonzept. Das Hotelrestaurant EAT steht von früh bis spät externen und Hotelgästen zu Verfügung und serviert die feinen Varianten der deutschen und österreichischen Küche. Spanische Tapas und mediterrane Gerichte kommen im La

Tapia auf den Tisch. Die klassische Paella Valencia, die als Grundlage für das Rezept von Andreas Lücke dient, bringt den Variantenreichtum der regionalen Produkte zum Ausdruck. Bodenständig, kreativ und mit Verstand zubereitet.

Graupen und Stielmus sind Produkte, die eine lange Tradition im Münsterland haben, aber ein wenig in Vergessenheit geraten sind. Auch Flusskrebse wurden früher in der regionalen Küche mehr verarbeitet. Andreas Lückes Rezept ist eine gelungene Hommage an die Produktvielfalt des Münsterlands.

Westfälische Graupenpaella

mit Flusskrebsen, Stielmus und gebratener Perlhuhnbrust

Rezept für 4 Personen

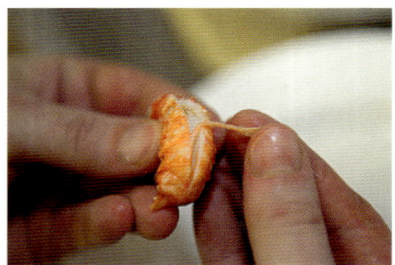

Zutaten:

300 g Graupen/Rollgerste
1 Msp. Safran, gemahlen
600 ml Geflügelfond
300 ml Weißwein, trocken
3 Stücke Schalotten
1 Bund Stielmus
16 Stücke Flusskrebse
1 Bund Suppengemüse
4 Stücke Perlhuhnbrüste (je 140 g)
etwas Rapskernöl
Salz
Pfeffer
1 EL Limettensaft

1. Die Graupen in einem Sieb abspülen und abtropfen lassen. Schalotten schälen und in feine Würfel schneiden.

2. Die Hälfte der Schalottenwürfel in einem Topf mit Rapskernöl glasig anschwitzen und die Graupen zugeben, kurz anschwitzen, dann mit dem Weißwein ablöschen, Safran zugeben und nach und nach 500 ml von dem Geflügelfond einrühren. Immer wieder unter Rühren die Graupen langsam garen. Zum Ende der Garzeit die Graupen in einem flachen Behälter auskühlen lassen.

3. Für die Flusskrebse einen Topf mit gesalzenem Wasser und dem geschnittenen Suppengemüse aufkochen. Die Flusskrebse rasch und kopfüber in das kochende Wasser geben, alles einmal durchkochen. Den Topf von der Flamme nehmen, die Flusskrebse noch 2–3 Minuten im Topf heiß ziehen lassen.

4. Die Flusskrebse mit einem Schaumlöffel herausnehmen und in Eiswasser abschrecken. Danach die Flusskrebsschwänze aus der Schale brechen und die Därme entfernen, anschließend die Flusskrebsschwänze beiseite legen.

5. Das Stielmus gründlich waschen und in Scheiben schneiden. Die Perlhuhnbrust trocken tupfen, mit Salz und Pfeffer würzen und in etwas Öl anbraten, anschließend im vorgeheizten Ofen bei 140 °C 5–6 Minuten mit der Hautseite oben garen.

6. Zum Schluss eine große Pfanne auf den Herd stellen und die restlichen Schalottenwürfel mit Stielmus glasig anschwitzen. Mit Weißwein und Brühe ablöschen und die Graupen zugeben, alles vermengen und mit Salz, Pfeffer und Limettensaft abschmecken. Die Paella anrichten und die Perlhuhnbrust oben aufsetzen.

Kreativkai in Münster's Hafen

Andre Milewski
kocht gerne in der Öffentlichkeit

Überzeugung, denn er liebt das sogenannte „Show Cooking". Das passt genau in das trendige Restaurant Club & Lounge Heaven an Münsters Hafen, wo Andre Milewski bis heute festangestellt ist.

Wer sich in der Nachbarschaft von Bars, Bistros und Cafés ein kulinarisches Highlight gönnen möchte, kann im Heaven wahrlich „himmlisch" speisen. Im Kerzenschein lässt es sich hier gemütlich genießen und zu späterer Stunde kann – wer Lust hat – zu coolen Beats tanzen, denn das Restaurant verwandelt sich Freitags und Samstags ab 23.00 Uhr in einen Club. 2008 wurde das Heaven zum besten

Restaurant des Jahres gekrönt und besitzt das goldene Gütesiegel der Dehoga für das Eventrestaurant des Jahres seit 2009.

Andre Milewski ist seit 2009 Mitglied in der „Confrèrie des Maîtres de la Table et Frères en Gueule", kurz gesagt: ein Bruder des guten Geschmacks und Genusses. Die Europäisch-asiatische Fusionsküche im Heaven passt zum Kreativkai, als wäre sie für das neue Konzept im Hafen eigens erfunden worden.

In Großmutters Küche fing die Karriere von Andre Milewski an. Und schon damals wollte er immer alles ein bisschen anders machen – was Oma zwar nervte, aber für die Karriere zum wichtigen Kriterium wurde…

„Tradition ist nicht das Bewahren der Asche, sondern das Weitergeben des Feuers" sagt er heute mit einem Lächeln. Nach der Ausbildung in renommierten Münsteraner Restaurants macht sich Andre Milewski selbstständig mit dem mobilen Koch- und Servierservice „flying cooks".

Dunkle Küchen hinter verschlossenen Türen, das ist einfach nicht seine

Gefülltes Schweinefilet

auf Karotten-Kartoffel-Ingwerpüree und Blumenkohlmousse

Rezept für 4 Personen

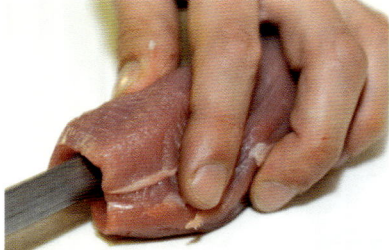

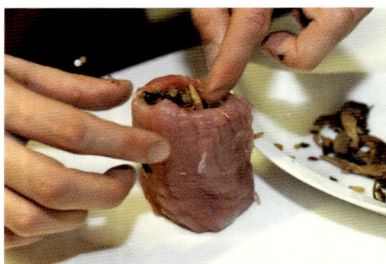

Zutaten:

Für das Fleisch:

ca. 700 g pariertes Schweinefilet
(je ca. 170 g Stück)
300 g Austernpilze
100 g Zwiebelwürfel
100 ml Weißwein
12 g Thai-Basilikum,
frisch und grob gehackt
20 g Butter

Für die Beilage:

520 g geschälte Kartoffeln
(vorwiegend festkochend)
120 g geschälte Karotten
60 g Butter
4 g Rosmarin, frisch
4 g Thymian, frisch
240 ml Sahne
40 g Ingwer frisch und grob gehackt
600 g Blumenkohl
200 ml Crème fraîche

Für die Soße:

600 ml Kalbsfond
200 ml Orangensaft
Mehlschwitze

Salz, Pfeffer und Muskat nach Bedarf

Garnitur:

getrocknete Kornblumen
Shizo Kresse

1. Austernpilze zupfen, mit den Zwiebelwürfeln in Butter anschwitzen, Thai-Basilikum unterheben und mit Weißwein ablöschen. Mit Salz und Pfeffer abschmecken, auskühlen lassen.

2. Das Filet mit einem schmalen Messer längs einstechen, vorsichtig aushöhlen. Die Füllung hineindrücken, anbraten, mit Salz und Pfeffer würzen und bei 80 °C 40–45 Minuten im Ofen braten.

3. Kalbsfond und Orangensaft auf 1/4 l reduzieren lassen, mit der Mehl- schwitze Konsistenz geben und mit Salz abschmecken.

4. Kartoffeln und Karotten gar kochen und durch eine Kartoffelpresse geben. Sahne mit Rosmarin, Thymian und Ingwer zum Kochen bringen, anschließend durch ein feines Sieb geben. Die Sahne mit der Butter unter die gepresste Masse rühren, mit Salz und Pfeffer abschmecken. Blumenkohl al dente kochen und mit Crème fraîche in einem Mixer fein pürieren. Mit Salz, Pfeffer und Muskat würzen.

6. 5 Minuten vor dem Anrichten alles noch einmal auf Temperatur bringen. Mit Shizo Kresse und Kornblumen garnieren.

Die alte St. Clemens Kirche in Münster-Hiltrup

Michel Erbrech
Westfälische Küche mit elsässischem Charme

Michel Erbrechs Ausbildung begann in der Auberge de Strasbourg in Bitche/Elsass. Zunächst blieb er dem Elsass treu und arbeitete im Cheval Blanc in Graufthal und im Offizierscasino von Straßburg und bis heute ist die elsässische Prägung seiner Küche noch deutlich spürbar. Schließlich ließ er sich aber auch noch badischen und borkumer Wind um die Nase wehen. Seine nächsten Stationen im Hotel Quisisana in Baden-Baden und im Seehotel Upstalsboom auf Borkum, wo er als Küchenchef arbeitete, führten ihn schließlich nach Münster, in das Hotel Landgraf, das er heute gemeinsam mit

seiner Frau leitet. Bei Michel Erbrecn kommt Beruf von Berufung. Bei seiner Liebe zu gutem Essen und gutem Wein verwundert es nicht, dass der gebürtige Elsässer seine Vorlieben zum Beruf machte. In der Küche sorgt er dafür, dass sich die Einflüsse seiner elsässischen Heimat auf das harmonischste mit den westfälischen Kochtraditioren verbinden. Andrea Erbrech leitet das Service-Team im Restaurant und achtet besonders auf die vielfältige und einfallsreiche Auswahl im Weinkeller. Sie ist für die freundliche und professionelle Betreuung der Gäste zuständig. Das Hotel-Restaurant liegt mitten in einem Landschaftsschutzgebiet. Der rote Backsteinbau schmiegt sich in die Felder und Wälder der Grafschaft Hiltrup, die nur 10 Minuten von Münsters Innenstadt entfernt liegt. Im Winter strahlt das Kaminzimmer eine wohligwarme Atmosphäre aus und im Sommer bietet die großzügige Terrasse das richtige Ambiente für ein gemütliches Essen. In der Küche macht man Michel Erbrech nicht so schnell etwas vor. Gaumenfreuden auf den Tisch zu zaubern hat er nicht nur gelernt, es liegt ihm einfach im Blut. Das ausgewählte Rezept zeigt die Kreativität seiner Küche.

Spargelfrikassee
mit Pfifferlingen

Rezept für 4 Personen

Zutaten:

20 Stangen Spargel (ca. 1,2 kg)
250 g Pfifferlinge
1 Schalotte
100 ml Kalbsfond/Gemüsebrühe
100 ml Crème fraîche
5 cl Cognac
250 g Butter
Saft von einer Zitrone
1 Bund Petersilie
Schnittlauch
Salz
Pfeffer
Zucker

1. Spargel schälen. Wasser aufsetzen. Salz, 100 g Butter, Zucker und Zitronensaft dazugeben.

2. Pfifferlinge putzen und mit der Schalotte in der Pfanne anschwenken. Salz, Pfeffer beifügen, mit Cognac flambieren und mit Kalbsfond ablöschen. Die Sauce einreduzieren und die Crème fraîche einrühren. Anschließend die Pfifferlinge mit Petersilie und Schnittlauch verfeinern.

3. Spargel garen und die Stangen jeweils in 3 oder 4 Stücke schneiden.

4. Die Spargelstücke als Sonne auf dem Teller anrichten. Die Pfifferlinge mittig platzieren und ein paar Butterflocken darauf verteilen. Kurz unter dem Salamander oder im Backofen mit Oberhitze gratinieren.

5. Bon Appétit!

Stadtrennen auf dem Prinzipalmarkt in Münster

Thomas M. Rind

Ein Traum wird wahr: Beruf und Hobby werden eins

immer das vollständige Menü kochen mussten. Dazu gab es natürlich auch eine Weinempfehlung. Seit 2008 befindet sich seine exquisite und sehr liebevoll ausgesuchte Weinhandlung in der Küchenausstellung der Firma Mosecker in Münster und – wenn Thomas M. Rind mal kein spannendes Buch liest oder sich nicht seinem Hobby Malen hingibt, nutzt er die Zeit, um kulinarisch für seine Gäste ein ganz besonderes Rezept zu kreieren oder zu finden. Seine Ideen für die Rezepturen schöpft er aus seiner umfangreichen Sammlung vor Kochbüchern, wenn er eine gute Idee für ein neues Rezept hat, dann probiert er es sofort aus.

Bei dem hier vorgestellten Rezept empfiehlt Thomas M. Rind, speziell auf die Qualität des Fleisches zu achten. Kaufen Sie es daher eher beim Fleischer oder auf dem Markt. Ganz besonders an diesem Rezept ist die raffinierte Kruste. Das Rindfleisch kombiniert der Koch mit Spitzkohl, da dieses Gemüse ein sehr edler Vertreter der Kohlfamilie ist. „Fein, im Geschmack fast wie Kohlrabi, fasziniert die süße Note des Spitzkohls".

Schon als Kind hat Thomas M. Rind immer mit dem Vater gekocht – zugeschaut und mitgemacht. Als Hobbykoch hatte sein Weg begonnen – ohne hochtrabende große Pläne. Und dann, nach vielen Kochherderfahrungen auf seinem Weg, kam die Liebe zu Weinen dazu und seit 1993 bot Thomas M. Rind dann dementsprechend auch Weinseminare an. Der Gedanke, dass sich das Kochen und die Weine zusammen zur Leidenschaft entwickeln könnten, faszinierte ihn immer schon. Später begann er neben Weinseminaren auch Kochkurse anzubieten, bei denen ganz verschiedene Gruppen

Roastbeef in Zitronenthymiankruste

mit Spitzkohl & Bratkartöffelchen

Rezept für 4 Personen

Zutaten:

800 g Roastbeef am Stück
(ohne Fettdeckel)
3 Schalotten
3 EL Olivenöl
1 Knoblauchzehe
1 St. Ingwer
12 Zitronenthymianzweige
500 g weiche Butter
1 TL Dijon Senf
1 TL körniger Senf
1 Eigelb
100 g geschnittenes Toastbrot
Salz
Pfeffer
Spitzkohl
Muskatnuss
Butter
Kartoffeln
Olivenöl, Meersalz

1. Den Backofen auf 130 °C vorheizen. Das Roastbeef waschen, trocken tupfen und mit Salz und Pfeffer einreiben. Die Schalotten ungeschält würfeln. Danach das Öl erhitzen und das Roastbeef zusammen mit der ungeschälten Knoblauchzehe, 2 Thymianzweigen, den Schalotten und dem klein geschnittenen Ingwer anbraten. Alles zusammen in eine kalte, mit einer Alufolie ausgelegte Pfanne geben und im Ofen 50–60 Minuten garen.

2. Inzwischen die Butter mit Senf, Eigelb, dem abgezupften Zitronenthymian und dem klein geschnittenen Toastbrot verrühren. Anschließend mit Salz und Pfeffer abschmecken. Die Masse zwischen 2 Lagen Frischhaltefolie legen und auf die Größe des Roastbeefs ausrollen.

3. Nach der Garzeit des Roastbeefs die Kräuterkruste auf das Fleisch legen. Nachdem die obere Folie entfernt wurde, auf das Fleisch legen und gut andrücken. Nun die andere Folie abziehen. Danach das Fleisch unter dem Grill überbacken (etwa 5 Minuten), bis die Kruste goldgelb ist.

4. Den fein geschnittenen Spitzkohl ca. 2–3 Minuten in kochendem Salzwasser blanchieren und mit Eiswasser abschrecken, damit er seine Farbe behält. Dann den Spitzkohl mit ein wenig Butter, Salz, Pfeffer und Muskatnuss andünsten.

5. Die Kartoffeln in sehr kleine Würfel schneiden und roh in Olivenöl braten. Erst zum Schluss mit grobem Meersalz würzen.

St. Anna Kirche in Neuenkirchen

Theo Wilmink
setzt auf regionale Qualitätsprodukte

28 Jahre alt war Theo Wilmink, als er nach einigen Jahren der Wanderschaft das Parkhotel Wilmink eröffnete. Nach der Ausbildung im renommierten Waldhotel Krautkrämer in Münster führte es ihn zum nicht minder bekannten Steigenberger Badischen Hof in Baden-Baden. Aber schon bald wuchs der Wunsch, sich in seinem Geburtsort Neuenkirchen niederzulassen und einen eigenen Betrieb zu leiten. Gemeinsam mit seiner Frau Maria – ebenfalls Küchenmeisterin – baute er das Wilminks Parkhotel auf, das sehr liebevoll von beiden geführt wird. Ein eindrucksvoller Zusammenklang aller

Dinge, die sich Gäste nur erträumer können. „Wir sind stolz auf das Münsterland, unsere westfälischen Wurzeln und unsere typischen Münsterländer Spezialitäten – aber wir sind auch kreativ und wagen gerne einmal das eine oder andere kulinarische Experiment!" Theo Wilmink serviert tagesfrische Produkte und betont regionale Spezialitäten, frische Kräuter und exotische Gewürze. Das kreative Küchenteam kocht multikulturelle, regionale, leichte und natürliche Gerichte. Ob im Restaurant Eichenblatt, der Pilsstube, dem Weinkeller, der Mary-Lou-Weinlounge oder im Sommer auf der mediterranen Terrasse: Hier werden

Gäste auf höchstem Niveau verwöhnt. Beim Einkauf seiner Zutaten fängt für Theo Wilmink das besondere Erlebnis an. Die meisten Zutaten werden bei lokalen Anbietern aus ökologischem Anbau bezogen, so wie zum Beispiel das Bunte Bentheimer Schwein – eine traditionell gehaltene Schweinerasse aus der Grafschaft Bentheim. Gebettet wird Wilminks Parkhotel in die wunderschöne Münsterländer Parklandschaft mit über 100 Schlössern, Burgen und Herrensitzen. Den unverkrampften Kochstil von Theo Wilmink erkennt man in dem hier vorgestellten Rezept. Frisch, ideenreich, überraschend und – einfach lecker!

Maispoulardenbrust
gefüllt mit Ziegenfrischkäse an Basilikumsauce

Rezept für 4 Personen

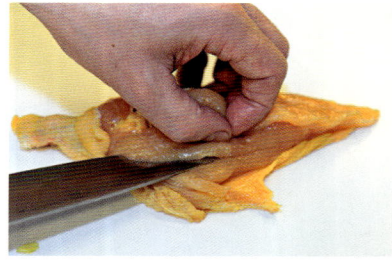

Zutaten:
4 Maispoulardenbrüste
(à 140–160 g)
200 g Spinat
etwas Butter
Knoblauch
1 Schalotte
120 g Ziegenfrischkäse
Schweinenetz
Fett zum Anbraten

Für die Basilikumsauce:
etwas Butter/Öl zum Anbraten
30 g Butter
1 Zwiebel
1 Möhre
1 kleine Stange Lauch
1 EL Tomatenmark
2 kleine Tomaten
1/8 l Geflügelfond
1 Knoblauchzehe
Weißwein, Basilikum

Salz, Pfeffer aus der
Mühle nach Bedarf

1. Schweinenetz wässern. Anschließend auf trockene Tücher legen

2. Spinat putzen, waschen, grob schneiden. In Butter mit Schalotten anziehen, abschmecken. Danach auf ein Sieb geben und abtropfen lassen.

3. Maispoulardenbrust auf die Hautseite legen, mit einem Messer die Brust längs halbieren, aber nicht ganz durchschneiden. Würzen – mit Spinat und Ziegenfrischkäse belegen. Nochmals würzen. Einen Teil des Fleisches umschlagen und die normale Form wieder herstellen (siehe Foto), dann in das Schweinenetz einschlagen. Im vorgeheizten Ofen bei 180 °C goldbraun braten – ca. 10 Minuten. Danach einige Minuten ruhen lassen.

4. Butter schaumig schlagen und gehackten Basilikum zugeben.

5. Zwiebeln, Möhren, Lauch und (falls vorhanden) Geflügelknochen in Butter/Öl anschwitzen bzw. anrösten. Tomatenmark und Tomatenfleisch hinzugeben. Nach Geschmack mit Wein ablöschen. Dann mit dem Geflügelfond auffüllen. Gewürze hinzugeben und ca. 20 Minuten köcheln lassen.
Die Sauce durch ein feines Sieb passieren, mit Basilikumbutter abschmecken.

Hierzu reichen wir frische Gemüse, Pilze und grüne Nudeln.

St. Ludgerus Kirche in Weseke

Annette Enning
Hier können sich Gäste etwas wünschen

Die Ausbildung von Annette Enning begann 1983 bei der Familie Niehoff auf der Weissenburg in Billerbeck. Im dritten Lehrjahr gewann sie den Jugendkochwettbewerb von Rolinck. Danach arbeitete sie bis 1987 in Wilminks Parkhotel, Neuenkirchen, als Commis de Cuisine. 1988 führte sie der Weg nach Stuttgart in das Restaurant Hasen. Die Suche nach einer Stelle auf einem „Männerposten" als Commis Saucier endete im März 1989 im Hotel-Restaurant Schloss Hugenpoet, Essen Kettwig. Dort lernte sie dann ihren späteren Mann Ludger kennen, der dort als Souschef arbeitete. Nach

drei Monaten wurde sie Demichef Saucier und nach einem Jahr Chef Saucier. In Münster bestand sie dann die Ausbildereignungsprüfung bei der IHK.

Im Februar 1991 übernahmen Annette und Ludger zusammen den Betrieb ihrer Eltern. Da der Gasthof Enning zu den ältesten Gasthöfen im Münsterland gehört und schon 1662 urkundlich erwähnt wird, übernahmen die beiden jungen Köche eine lange Tradition. Heute, nach ca. 20 Jahren Selbstständigkeit, ist die Begeisterung der Ennings für Neues geblieben und beide verstehen es, die Philosophie mit regionalen Produkten in bodenständige,

aber moderne Küche umzusetzen. Das Vertrauen der Gäste ist neben dem persönlichen, auch freundschaftlichen Kontakt immer noch das schönste Kompliment und Ansporn für Annette Enning. Der 340 Jahre alte Gasthof liegt in der Ortsmitte von Weseke und ist seit Jahrzehnten Anlaufpunkt für viele Weseker, die das Traditionshaus für viele Gesellschaften, Hochzeiten oder Feste nutzen.

Das Rezept von Annette Enning ist auf Wunsch eines Gastes entstanden, der im Rahmen eines klassischen „Münsterländer Hochzeitsessens" statt einer traditionellen Rinderroulade eine etwas modernere Alternative wünschte.

Kalbsroulade
auf Kartoffelragout

Rezept für 4 Personen

Zutaten:

600 g Kalbsrücken
(zu je 140 g Scheiben geschnitten
zwischen Folie plattieren)

Für die Pilzfüllung:

200 g Pilze nach Saison
100 g Schalotten

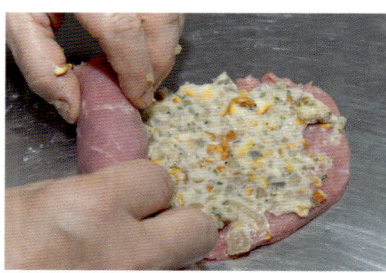

Für das Kartoffelragout:

100 g Schalotten
400 g Kartoffelwürfel (festkochende)
350 g Brühe
50 g Sahne
150 g Zwiebellauch
Muskat

Für die Farce:

(alle Zutaten müssen gut gekühlt sein!)
200 g sehnenfreies kleingeschnittenes
Kalbfleisch/Geflügel
2 Eiweiß
45 g Sahne
4 TL fein gehackte Kräuter
(Schnittlauch, Estragon, Petersilie,
Thymian)

Salz
Pfeffer

1. Die geputzten, gewaschenen Pilze in der Pfanne mit den Schalotten kurz anbraten und kalt stellen.

2. Für die Farce das gut gekühlte, gewürzte Fleisch in der Moulinette fein hacken und erst das Eiweiß, dann die Sahne zugeben. Pilze und Kräuter fein hacken und zu der Farce geben, nochmals abschmecken.

3. Die Pilzfarce auf die dünn plattierten, gewürzten Fleischscheiben streichen und aufrollen. Die Roulade mit Nadeln feststecken. In Rapsöl anbraten und für ca. 15 MInuten bei 170 °C in den Ofen geben. Dann ruhen lassen.

4. Die Schalotten in Rapsöl angehen lassen (ohne Farbe). Kartoffelwürfel hinzugeben, mit Salz und Muskat würzen. Mit Brühe aufgießen und fast gar kochen lassen. Dann den feinge- schnittenen Zwiebellauch mit der Sahne dazugeben. Je nach Stärkege- halt der Kartoffel dickt auch das Ragout an.

5. Das Kartoffelragout in die Mitte des Tellers geben. Die Roulade einmal schräg aufschneiden und auf das Ragout setzen. Je nach Geschmack kann noch mit gebratenen Pilzen und Gemüse garniert werden.

St.-Agatha-Kirche in Münster-Angelmodde

Carsten Hoffschulte
verwöhnt seine Gäste häufig mit frischem Wild

Als Carsten Hoffschulte sich 2004 entschloss, in den elterlichen Betrieb einzusteigen, hatte er bereits einige berufliche Stationen hinter sich. Nach der Ausbildung, die er im Restaurant Hinterding in Lengerich absolvierte, das seit Jahrzehnten mit einem Michelin Stern ausgezeichnet ist, zog es ihn ins Rheinland. Am Herd des Gästehauses der deutschen Regierung auf dem Petersberg in Königswinter und im Dorint-Sofitel in Köln am Dom perfektionierte Carsten Hoffschulte sein Können, denn beide Häuser gehören zur 5-Sterne Kategorie. 1498 wird erstmals der Name Schulte to Angelmodde erwähnt, 1665 – Hoff

Angelmude, 1751 – Schulteti Angelmodde. Allein seit dem Dreißigjährigen Krieg können 12 Generationen nachgewiesen werden. Gründer der heutigen Gastwirtschaft war Josef Schulze-Hoffschulte, der Ururgroßvater des heutigen Besitzers Heinz Peter Hoffschulte. Dessen Sohn Carsten ist bereits die 6. Generation, die in der Gastwirtschaft tätig ist! 1814 erschien im Münsterschen Intelligenzblatt folgende Anzeige: „Um den Liebhabern der Lustparthie auf Margaretenfest zu Wolbeck am 17. Juli d. J. unter Weges einen angenehmen Aufenthaltsort zu verschaffen, habe ich die Entscheidung getroffen: den mich

günstig mit ihrem Besuch Beehrenden den ganzen Tag hindurch mit allen Arten Erfrischungen von Getränken, besonders mit delikaten Weinen als auch Essen, portionsweise, und Tanzmusik zu erhöhen. Hoffschulte bei Angelmodde". Das war die Gründung des heutigen Restaurant Hoffschulte. Das tolle Ambiente, die Geschichte und Tradition des Hauses sind Motivation und Antrieb für den Küchenmeister Hoffschulte, seine Gäste immer wieder mit neuen aber auch traditionellen Gerichten zu verwöhnen. In der Jagdsaison präsentiert der passionierte Jäger Hoffschulte häufig Wild auf der Speisekarte.

Brust und Keule von der Wachtel
an warmen Dicke-Bohnen-Salat und Preiselbeerschaum

Rezept für 4 Personen

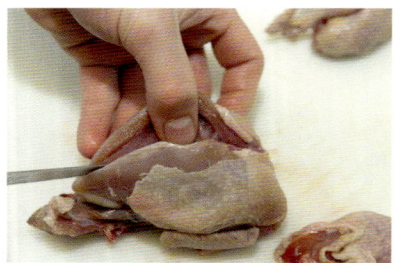

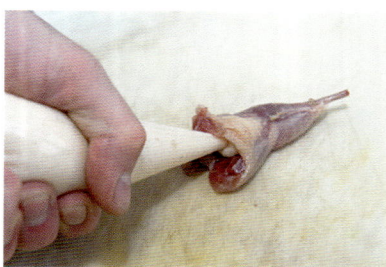

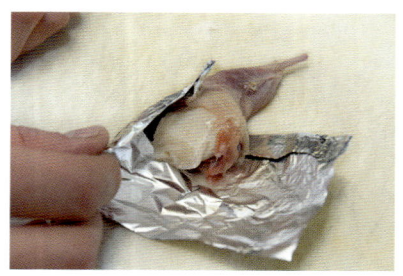

Zutaten:

4 Wachteln à 150g
100 g Hähnchenbrust
50 ml Sahne
500 ml Geflügelfond
100 ml Rotwein
1kg dicke Bohnen
1 Schalotte
100 g Butter
1 Zweig Thymian
Würfel von einer großen Tomate
10 g Sprossen
50 ml Crème fraîche
50 g Preiselbeeren
etwas Kräuteressig
etwas weißer Portwein
Salz
Pfeffer
Zucker

1. Wachteln gründlich waschen, Brust und Keulen auslösen, Oberschenkelknochen entfernen und eine Tasche formen.

2. Die Hähnchenbrust in eine Küchenmaschine legen und zerkleinern, nach und nach die Sahne dazugeben, bis eine homogene Masse/Farce entsteht. Mit Salz, Pfeffer und etwas Portwein abschmecken.

3. Die Farce mit einem Dressierbeutel in die Keule füllen und dann mit Alufolie verschließen. 10 Minuten im heißen Geflügelfond gar ziehen lassen.

4. Dicke Bohnen putzen und blanchieren. Danach abschrecken und nochmals die Haut entfernen.

5. Schalotten würfeln, in etwas Butter anschwitzen, die Bohnenkerne dazugeben und mit Salz, Pfeffer, Essig, Zucker und Thymian abschmecken. Tomatenwürfel kurz dazugeben. Das Gemüse mittig auf dem Teller anrichten.

6. Wachtelkeulen von der Folie befreien und zusammen mit der Brust vorsichtig braten. Danach im Ofen bei 100 °C warm stellen. Den Bratensatz mit dem Rotwein und etwas Geflügelfond ablöschen und auf ein Drittel einkochen lassen. Mit kalten Butterwürfeln binden.

7. Die Wachtel um den Salat anrichten und etwas Soße angießen. Crème fraîche mit den Preiselbeeren aufmixen und um die Wachtel verteilen.

Diözesanbibliothek Münster und die Überwasserkirche

Heiko Harder
Seine optimistische Art kann man schmecken

und deren Zubereitung seine lebensfrohe und optimistische Art herausschmecken kann. Er ist tatsächlich Koch aus Leidenschaft. Er wollte nie etwas anderes werden. Im Jahr 2006 wechselte er schließlich ins Restaurant Jedermann im Hotel Überwasserhof, wo er schnell wieder die Position des Küchenchefs übernahm. 2005 öffneten die Pforten des Restaurants mit Bar und Lounge im Herzen von Münster und seitdem wird es für sein sehr eindrucksvolles Ambiente geschätzt und schon längst nicht mehr nur als Geheimtipp gehandelt.

Heiko Harder präsentiert ein Lamm-Rezept. Das Lammkarrée – auch Lammlachs genannt – ist das zarteste Fleisch vom Lamm und sehr mild im Geschmack. Aus ihm werden Lammkoteletts und saftige Bratenstücke gewonnen. Es ist schnell zubereitet und man kann es sehr variantenreich präsentieren. Im Jedermann bereitet Heiko Harder das Lammfleisch im Niedergarverfahren zu, aber da nicht jedem die Möglichkeit zur Verfügung steht, hat er die Garzeiten auf einen gebrauchsüblichen Backofen umgerechnet.

Geboren und aufgewachsen in Stuttgart, führt Heiko Harders Weg im Jahr 2003 ins Münsterland, wo er seine erste Anstellung im Seecafé Hörstel-Gravenhorst annimmt. Kurz darauf wechselt er dann als Küchenchef ins Meyer's in Münsters Kreuzviertel. Zusätzlich kann er in den Restaurantbetrieben Thesing und Medicus sein Können unter Beweis stellen. „Ich bin Koch aus Leidenschaft", versichert er. „Bei der Gestaltung meiner Kreationen bin ich sehr experimentierfreudig und habe eine besondere Liebe zum Detail." Außerdem ist er davon überzeugt, dass man in seinen Rezepten

Lammkarrée
unter Thymiankruste an Madeirasauce

Rezept für 4 Personen

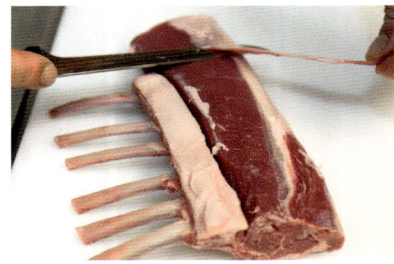

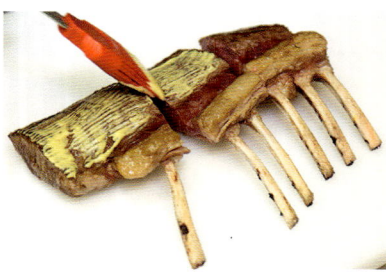

Zutaten:

Für das Lamm:
4 Lammkarrées
3 Zweige Thymian
1 Zweig Rosmarin
Dijonsenf
15 g Panko Mehl
(Panko Mehl besteht aus Mehl,
Hefe und Gewürzen und wird
zum Panieren genutzt.
Es kommt aus Japan.)

Für die Sauce:
160 ml Bratensauce
20 ml Madeira

Für das Gemüse:
1 gelbe Paprika
1 rote Paprika
1 Aubergine
1 Zucchini
2 Zweige Thymian
2 Zweige Rosmarin
1 Knoblauchzehe
heller Balsamico
Salz
Pfeffer

1. Zunächst das Karrée von Sehnen und Fett befreien. Anschließend in einer Pfanne mit den Kräutern von beiden Seiten anbraten und für 25 Minuten in den auf 80 °C vorgeheizten Backofen schieben.

2. Von einem Zweig Thymian die Blätter abzupfen und mit dem Panko Mehl in einer beschichteten Pfanne ohne Öl goldbraun rösten.

3. Den Madeira zur Bratensauce geben und auf kleiner Stufe langsam erhitzen.

4. Das Gemüse in Scheiben schneiden und mit den Gewürzen in einer Pfanne goldbraun anbraten. Nach dem Wenden die Knoblauchzehe dazulegen und würzen. Anschließend mit dem hellen Balsamico beträufeln.

Stadtweinhaus und Rathaus zu Münster

Selvir Mehinagic
mit Vorliebe für die Asiatische Küche

Eigentlich hatte er nach seinem Schulabschluss vor, Automobilmechaniker zu werden. 1994 aber begann er mit seiner Ausbildung im Parkhotel Westfalenhallen Dortmund. Nach seiner Ausbildung blieb er dem Haus sieben Jahre lang verbunden bis er 2001 ins Waldrestaurant Freischütz nach Schwerte wechselte. 2003 ging Selvir Mehinagic dann nach Münster und kämpfte sich im Dorint Hotel, dem heutigen Mercure Hotel Münster City, bis 2007 vom Chef de Partie bis zum Chef de Cuisine hoch. Als Chefkoch einer Hotelküche ist er regelmäßig erstaunt und zugleich erfreut, welch

große Freiräume ihm zur Umsetzung seiner kulinarischen Ideen von Seiten der Direktion eingeräumt werden. Diese Freiheit weiß er sehr zu schätzen und nutzt Sie, indem er immer neue Kreationen in die Karte einfließen lässt. In seiner Freizeit versucht er, so viel Zeit wie möglich mit seiner Familie in Schwerte und besonders mit seinen Kindern zu verbringen. Wenn es sich dann noch einrichten lässt, spielt er gerne Fußball und Badminton, kocht opulent für Freunde oder genießt zu ruhiger Stunde ein gutes Buch. Das nachstehende Rezept ist eine Eigenkreation, die der Idee entstammt, seine Vorliebe für asiatische Currygerichte mit

sommerlichen Früchten zu vereinen. Der Pfeffer ist dabei ein Muss, das für den nötigen Schärfe-Kick sorgt. Anstatt des Rinds ist es bei dem Rezept auch möglich, Geflügel zu verwenden. Die Zubereitung ist auch für Nicht-Kochprofis geeignet, es empfiehlt sich jedoch, eine möglichst professionelle Wok-Pfanne zu verwenden. Der Rest sollte leicht von der Hand gehen.

Gebratene Rinderfiletstreifen

mit Früchten in Curry-Kokossauce, dazu Basmatireis

Rezept für 4 Personen

Zutaten:

500 g Rinderfilet
350 g Basmatireis
100 g Trauben
300 g Erdbeeren
1 Mango
1 rote Zwiebel
200 ml Kokosmilch
200 ml Bananensaft
6 cl Erdnussöl
1 cl Soja-Sauce
Curry
Pfeffer (bunt und geschrotet)
Petersilie

1. Zur Vorbereitung die Mango schälen und würfeln. Die Trauben entkernen und vierteln. Die Erdbeeren waschen, putzen und achteln sowie die Zwiebel fein würfeln. Das Rinderfilet in möglichst gleichgroße Streifen schneiden.

2. Salzwasser in einem Topf zum Kochen bringen. Den Basmatireis zugeben und nach Angabe kochen.

3. In der Zwischenzeit die Rinderfiletstreifen in einer heißen Pfanne mit 3 cl Erdnussöl scharf anbraten, salzen, mit 2 TL buntem Pfeffer würzen und anschließend aus der Pfanne nehmen. In derselben Pfanne dann mit dem restlichen Erdnussöl die Zwiebelwürfel glasig schwitzen und mit dem Bananensaft ablöschen.

4. Nun die Trauben, danach die Erdbeeren und zum Schluss die Mangowürfel dazugeben und jeweils kurz mitköcheln lassen. Anschließend mit Kokosmilch aufgießen, die Soja Sauce hinzufügen, kurz aufkochen lassen und dann auf niedrige Temperatur stellen. Sobald es nicht mehr köchelt, das Rinderfilet unterheben.

5. Den gegarten Basmatireis in eine Tasse füllen und in die Mitte eines tiefen Tellers stürzen. Das Fleisch mit den Früchten und der Sauce um den „Reishügel" herum anrichten und mit Petersilie dekorieren.

Ratskeller Wiedenbrück

John Bäumer
Junge Küche hinter historischen Mauern

einzubringen und seine Gäste mit handwerklich liebevoll zubereiteten Gerichten zu begeistern.

1560 vermutlich schon als Gasthaus erbaut, ist das Romantik Hotel Ratskeller Wiedenbrück mit seinen ausdrucksstarken Schnitzereien und Sinnsprüchen eines der schönsten Fachwerkhäuser in dem über tausend Jahre alten Wiedenbrück. 1895 wurde hier die Spar- und Darlehnskasse gegründet, dessen 1. Vorsitzender Heinrich Surmann wurde. Seitdem befindet sich das Haus in Familienbesitz und wird heute in 5. Generation von Peter Surmann geleitet. Ein wunderschöner Biergarten auf dem alten Marktplatz lädt unter

alten Kastanien im Sommer zum Speisen oder einfach auf ein kühles Bier ein.

In seinem Rezept verwendet John Bäumer die in Feinschmeckerkreisen sehr bekannte Barbarie-Ente. Das Fleisch der Barbarie-Entenbrust ist sehr kräftig und hat eine intensive rote Farbe. Die Haut ist nicht zu dick und wird beim Braten optimal knusprig. Ursprünglich stammt die Barbarie-Ente wohl aus den Tropen in Indien. Seit dem Ende des 18. Jahrhunderts wird sie in Frankreich gezüchtet.

Das Interesse am Kochen wurde bei John Bäumer während eines Schulpraktikums geweckt, in einem gutbürgerlichen Haus, in dem er auch seine Ausbildung machen durfte. Danach entschied er sich für die gehobene Küche und arbeitete einen Sommer auf Sylt. Aus dem Norden zog es ihn in die Schweiz, wo er in Zürich, St. Moritz und in der Nähe von Luzern sein Wissen vertiefen konnte. Es folgte ein Jahr der Selbstständigkeit und im Anschluss daran seine Position als Küchenchef im Romantik Hotel Ratskeller Wiedenbrück. Hier freut er sich jetzt, sein Wissen und seine Erfahrungen

Barbarie-Entenbrust
mit Kartoffel-Quark-Plätzchen und Kaiserschoten

Rezept für 4 Personen

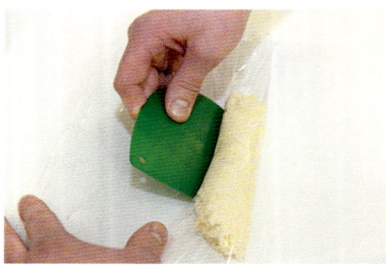

Zutaten:

4 Entenbrüste
200 g (Barbarie)
Salz
Pfeffer
375 g Kartoffeln (roh, gerieben)
200 g Quark (ausgedrückt)
60 g Mehl
1 Eigelb
250 g Kaiserschoten (geputzt)
100 g Zucker
100 ml Gemüsefond (im Feinkostgeschäft erhältlich)
20 g Butter
4 Feigen (geachtelt)
150 ml Portwein (rot)
100 ml Entenjus (im Feinkostgeschäft
erhältlich)

1. Entenbrüste säubern und parieren.
(Als Parieren bezeichnet man das
Formen und Aufbereiten von Fleisch
– in diesem Fall werden die Entenbrüste
von Silberhaut und Sehnen befreit.)

2. Die Hautseite kreuzweise einschneiden (nicht bis ins Fleisch) und
von beiden Seiten mit Salz und Pfeffer
würzen. Mit wenig Öl in der Pfanne
bei geringer Hitze mit der Hautseite
zuerst anbraten. Die Bratzeit beträgt
insgesamt ca. 5 Minuten. Gelegentlich

wenden, wobei die Ente zu neunzig
Prozent auf der Hautseite gebraten
wird. So kann das Fett gleichmäßig
austreten und die Haut wird besonders
kross. Danach 2 Minuten ruhen lassen.
Das Fleisch vor dem Servieren ca.
2 Minuten bei 180 °C im Backofen
auf Temperatur bringen.

3. Kartoffeln, Quark, Mehl und das
Eigelb miteinander vermengen und mit
Salz, Pfeffer und Muskat abschmecken. Die Masse in Klarsichtfolie zu
einer Rolle formen und im Wasserdampf 35 Minuten garen. Nach dem
Erkalten in Scheiben schneiden und
von beiden Seiten anbraten.

4. 50 g Zucker karamellisieren.
Mit Gemüsefond ablöschen und
etwas einkochen lassen. Die Kaiserschoten dazugeben und aufkochen,
mit Salz würzen. Anschließend in
Butter glasieren.

5. 50 g Zucker karamellisieren und
mit Portwein ablöschen. Mit der Jus
auffüllen, die Feigen hinzufügen, etwas
einreduzieren und mit Salz und Pfeffer
vorsichtig abschmecken.

St. Benedikt Dyckburgkirche in Münster-Handorf

Oliver Windau
Österreichische Einflüsse gewünscht

Wellness auf westfälisch, das bietet Oliver Windau im historischen Ambiente des Hof zur Linde in Münster. Das 4-Sterne-Superior Landhotel vor den Toren der Stadt Münster bietet ein Restaurant der Sonderklasse, leicht und bodenständig, westfälisch und modern. Der in Lüdinghausen geborene Küchenmeister Oliver Windau ließ Stationen wie Freiburg, Zürich und Berlin hinter sich, um schließlich im Hof zur Linde die Gäste verwöhnen zu können. An der Werse entlang radelt er morgens mit seinem Rennrad zu seinem romantischen Arbeitsplatz im beliebten münsteraner Stadtteil Handorf.

Das idyllisch gelegene Hotel, das am Wasser liegt, wird liebevoll und familiär geführt. Herzstück des Hauses ist das Restaurant mit einer wunderschönen Terrasse unter Linden. Frische und Hochwertigkeit der Produkte sind Oliver Windau sehr wichtig für seine Küche. Die Kräuter aus dem eigenen Garten, kombiniert mit dem Ideenreichtum von Oliver Windaus Team, der aufmerksame Service und die behagliche Atmosphäre des gesamten Hauses, das macht das Hof-zur-Linde-Restaurant unverwechselbar. „Ich habe Spaß an der Gastronomie, dem kreativen Arbeiten mit Lebensmitteln und dem Umgang mit Menschen.

Das hat mich schon immer gereizt" sagt er mit einem leichten Schmunzeln. Und dass dies so ist, daran zweifelt hier niemand, denn die vielen begeisterten Stammgäste und der außergewöhnlich gute Ruf des Hauses sprechen für sich. Das ausgewählte Rezept liebt Oliver Windau besonders. Er liebt die österreichischen Einflüsse und ist ein Fan von geschmorten Gerichten. Ochsenbackerl stehen in Österreich im Mai und Juni zur Prozessionszeit in vielen Gasthöfen auf der Speisekarte. Lassen Sie sich von der Edelvariante Oliver Windaus überzeugen. Guten Appetit!

Geschmorte Ochsenbacke
mit pochiertem Landei und Kartoffel-Spargel-Gröstl

Rezept für 4 Personen

Zutaten:

Für die Ochsenbacke:
1,4 kg Ochsenbacke
600 g Röstgemüse
(Möhren, Sellerie, Zwiebel, Lauch)
0,5 l Rotwein
1 l Rinderbrühe
Pflanzenöl (zum Anbraten)
Lorbeerblatt
Thymian
Senfkörner
1 EL Tomatenmark

Für das Kartoffel-Spargel-Gröstl:
400 g festkochende Kartoffeln vom
Vortag gekocht
200 g Spargel (geschält, blanchiert)
Blattpetersilie
Zwiebelwürfel von 1/2 Zwiebel
80 g Speckwürfelchen

Für das pochierte Landei:
4 Eier
Schuss Weißweinessig
1 l Wasser
Salz, Pfeffer

1. Die geputzten Ochsenbacken salzen und pfeffern. Danach diese in einem mit Pflanzenöl vorgeheizten Schmortopf von allen Seiten anbraten und herausnehmen. Nun das in Walnussgröße geschnittene Röstgemüse in dem Schmortopf anschwitzen, mit Tomatenmark tomatisieren und mit Rotwein ablöschen. Die Ochsenbacken zurück in den Schmortopf geben, der mit Rinderbrühe aufgefüllt wird. Die restlichen Gewürze dazugeben und bei 180°C im Backofen ca. 2 Stunden schmoren lassen. Danach herausnehmen und warm stellen.

2. Die Sauce passieren und einreduzieren, bis sie eine cremige Konsistenz erlangt hat. Eventuell mit Salz und Pfeffer abschmecken.

3. Die Kartoffeln mit Zwiebeln, Speck und den Spargelspitzen in einer Pfanne goldgelb anbraten. Dann mit 2 Kellen der Ochsenbacken-Sauce ablöschen und mit Petersilie verfeinern.

4. Wasser zum Kochen bringen und einen Schuss Essig sowie eine Prise Salz dazugeben. Eier in 4 Kaffeetassen oder kleine Suppenkellen schlagen, die nun ins leicht wallende Essigwasser gegeben werden. Den Essig gibt man ins Wasser, um das Gerinnen des Eiklaren zu fördern. Somit zerläuft das Ei nicht und das Eiklar umschließt das Eigelb. Nach 4 Minuten des Pochierens Eier herausnehmen.

Großer Kiepenkerl in Münster

Fred Neusitzer
naturbewusst und bodenständig

Seit 2001 verwöhnt Fred Neusitzer die Gäste als Küchenchef des Großen Kiepenkerls mit seinen Kochkünsten. In seiner Freizeit liebt er es, die Natur beim Wandern und gelegentlichen Jagdausflügen zu genießen.

Fred Neusitzer steht für die bodenständige, regionale und frische Küche. Der rustikale, historische Rahmen des Hauses bietet die ideale Voraussetzung für kulinarische Kreationen der westfälisch orientierten Küche. Schützend umrahmt von traditionellen Häusern liegt die schöne Terrasse, auf deren Mitte die wohl ursprünglichste und originellste Figur steht, die das Münsterland zu bieten hat: der Kiepenkerl. Unverwechselbar in seiner Kleidung, mit der Kiepe und der unvermeidlichen Pfeife ist der wandernde Händler gleichsam auch Symbol für die Atmosphäre des Platzes und die Gastronomie des Großen Kiepenkerls. Obwohl im Krieg zerstört, ist es gelungen, im Restaurant den ursprünglichen nostalgischen Charme zu bewahren, der ideal ergänzt wird durch die liebevollen, der Jahreszeit entsprechenden Dekorationen. Das von Fred Neusitzer vorgestellte Schmorgericht ist ein überzeugendes Beispiel der Kiepenkerl Küche, das durch einfache Handgriffe beeindruckt.

Der Lebenslauf von Fred Neusitzer liest sich wie eine bunte Reise. Nach seiner Ausbildung in Tecklenburg startete er seinen beruflichen Werdegang im Parkhotel in Bremen, bevor er als dritter Koch mit der „MS Europa" auf Kreuzfahrt ging. Den Feinschliff in der klassischen Küche bekam er dann im Erbprinz in Ettlingen, bevor er Souschef im Waldhotel Krautkrämer wurde und die Prüfung zum Küchenmeister ablegte.

Nach weiteren Stationen in München, unter anderem bei Käfer und Witzigmann, wurde er mit seiner Selbstständigkeit im Restaurant Steinburg am Aasee in Münster sesshaft.

Geschmorte Lammhaxe

mit Rosmarinsoße, grünen Bohnen und Kartoffeln

Rezept für 4 Personen

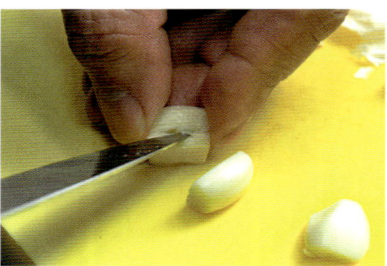

Zutaten:

Für die Lammhaxe:
4 Stück parierte Lammhinterhaxen
(à 350 g bis 400 g)
450 g Röstgemüse (2/3 Zwiebeln,
1/3 Möhren und Sellerie)
20 ml Sonnenblumenöl
2 Zehen Knoblauch
1 EL Tomatenmark
250 ml Rotwein
500 ml Kalbsfond
1 Zweig Rosmarin
4 Lorbeerblätter

Für die Beilage:
500 g grüne Bohnen (Buschbohnen)
Messerspitze Bohnenkraut
2 Schalotten
50 g Speckwürfel
50 g Butter
2 EL Mehl
800 g kleine Kartoffeln
1 Rispe Cherry-Strauchtomaten
Pfeffer aus der Mühle
Salz

1. Die Lammhaxen mit Pfeffer und Salz würzen und im Bratentopf mit heißem Öl von allen Seiten goldbraun anbraten. Die Lammhaxen herausnehmen und das Röstgemüse im gleichen Topf mit dem Knoblauch anbraten.

Jetzt das Tomatenmark hinzufügen. Dann das Ganze mit jeweils ein bisschen Rotwein und Kalbsfond ablöschen und einkochen. Diesen Vorgang wiederholt man ca. dreimal. Die Lammhaxen wieder in den Topf legen und mit dem restlichen Rotwein und Kalbsfond auffüllen, die Kräuter hinzugeben. Den Bratentopf im auf 160 °C vorgeheizten Backofen ca. 1 ½ Stunden schmoren lassen.

2. Die Kartoffeln waschen, in Salzwasser ca. 25 Minuten kochen und pellen. Die geputzten Bohnen in reichlich kochendes Salzwasser mit dem Bohnenkraut geben und ca. 5 Minuten bissfest kochen. Dann mit kaltem Wasser abschrecken. Die Lammhaxen aus dem Topf nehmen und warm stellen, dann den Fond durch ein Sieb in einen anderen Topf passieren. Die heiße Soße mit Mehlschwitze abbinden und 1–2 Minuten aufkochen lassen, anschließend abschmecken.

3. Die Kartoffeln in wenig Fett langsam goldgelb braten und mit Salz würzen. Für die Bohnen den gewürfelten Speck in heißem Öl anbraten. Dann die fein gewürfelten Schalotten mit der Butter leicht andünsten und die gekochten Bohnen hinzugeben. Die Tomaten in der Pfanne kurz anbraten und salzen.

Nach der Kornernte bei Borken

Hubert Lüttgens
Zwischen Fußball und Kochtopf schwankt seine Leidenschaft

Er liebt es, Menschen eine Freude zu machen. Vom ersten Tag an, als er seine Ausbildung 1983 im Hotel Krebber in Dorsten begann, stand fest: Kochen ist sein Leben. Nach Stationen im Parkhotel Neuenkirchen und im Rolincks-Restaurant Steinfurt kehrte er zu seinen Ursprüngen zurück und kocht jetzt seit rund 20 Jahren im elterlichen Betrieb. Das Hotel-Restaurant Haus Waldesruh am Borkener Stadtrand ist seine Heimat – persönlich und kulinarisch. Seit seinem Einstieg 1988 hat er an der Neugestaltung der Außenanlagen, dem Bau von Veranstaltungsräumen und der Renovierung der Hotel-

zimmer federführend mitgewirkt. Er kennt jeden Winkel des Hotels, jede Nische des Restaurants und jede Ecke in der Küche. Laut einer Erhebung der Gesellschaft für Wirtschafts- und Marktforschung (WIMAFO), bei der die Zufriedenheit von Geschäfts- und Privatreisenden analysiert wurde, gehört das schmucke Haus am Waldrand zu den 500 beliebtesten Hotels Deutschlands. Natürlich macht ihn das stolz und darum macht es ihm auch immer wieder Freude, für seine Gäste weiterhin eifrig den Kochlöffel zu schwingen. Wenn er gerade einmal nicht kocht, fiebert Hubert Lüttgens als eingefleischter Schalke-04-Fan auch

auf dem Platz für seine Mannschaft mit. „Von Kindesbeinen an pendele ich zwischen Ball und Kochtopf" sagt er mit einem Zwinkern. Schon als kleiner Junge hat er bei seiner Mutter in der Küche stets die Deckel gelüftet. Seine Leidenschaft für gutbürgerliches Essen und sein breites Repertoire westfälischer Gerichte habe er zu einem großen Teil auch ihr zu verdanken, so Hubert Lüttgens. Darum stellt er ein Rezept vor, das er schon als Kind unheimlich gern gegessen hat. Er verrät hier ein echtes Familiengeheimnis, das der Gast auf Vorbestellung genießen kann.

Münsterländer Möhreneintopf
mit dicker Rippe

Rezept für 4 Personen

1. Porree, Möhren, Zwiebeln und Sellerie putzen. Das Gemüse in grobe Würfel schneiden, mit Wasser und Salz in einen Topf geben. Unter Rühren zum Kochen bringen.

2. Die Rippe mit heißem Wasser abwaschen, in die kochende Gemüsebrühe geben und auf kleiner Stufe kochen lassen, bis das Fleisch gar ist. Dabei von Zeit zu Zeit umrühren.

3. Das gegarte Fleisch auf einem Teller beiseite stellen und die Brühe durch ein Sieb abgießen. Dabei den Sud auffangen.

4. Für das Möhrengemüse die geschälten Möhren, Kartoffeln und Zwiebeln würfeln. Den Apfel in Spalten schneiden. Butter in einem Topf auslassen und darin die Zwiebeln anschwitzen. Kartoffeln und Möhren dazugeben und kurz mitschmoren. Die Apfelspalten dazugeben, mit Brühe ablöschen und kochen lassen.

5. Wenn das Gemüse gar ist, mit einem Kartoffelstampfer zu einem cremigen Eintopf stampfen, mit Salz und eventuell Pfeffer abschmecken, warm halten.

6. Die Rippe in Scheiben schneiden und im Rest des Brühesuds erhitzen. Mit dem Möhrengemüse auf einem Teller anrichten, mit Silberzwiebeln und Gewürzgurken garniert servieren.

Kuhmturm in Borken

Wilhelm Schnieders

Wenn Leidenschaft & Kochkunst eine Partnerschaft eingehen

Landschaft, in der sie gedeihen und wenn die Leidenschaft für die Kochkunst zusammenfinden und eine Partnerschaft eingehen, entsteht etwas Wundervolles". Das Restaurant Schnieders ist für genau diese Philosophie ausgezeichnet worden von der Verbraucherzentrale NRW mit der „Nachhaltigkeits Eins", als Anerkennung für den Einsatz von Lebensmitteln aus der Region, für die Vorliebe von Produkten aus ökologischem Anbau und artgerechter Tierhaltung. Seit 1987 sorgt sich Wilhelm Schnieders gemeinsam mit seiner Frau Karin um das Wohl der Gäste. Was man dort auf der Karte finden kann, wird schmecken – davon

ist der Koch überzeugt. Und er meint, dass jede kulinarische Melodie in jeder Region und aus der Hand jedes Kochs anders klingt. Wenn man also die Münsterland-Melodie einmal von Wilhelm Schnieders interpretiert hören möchte, muss man nach Borken kommen und dort im Restaurant Schnieders einkehren. Dem Anlaß entsprechend bieten die Schnieders anspruchsvolle kalt-warme Buffets oder festliche Galamenüs, begleitet von ausgesuchten Weinen aus biologisch-ökologischem Weinbau. Das hier vorgestellte Rezept hält Wilhelm Schnieders für einen besonderen Hochgenuss, den keiner verpassen darf. Guten Appetit!

„Um anderen Menschen eine Freude zu machen", so beschrieb Wilhelm Schnieders in einem Schulaufsatz die Hintergründe für den Wunsch, Koch werden zu wollen. Und genau dieser Aufsatz scheint so leidenschaftlich geschrieben werden zu sein, dass er mit einem „sehr gut" benotet wurde, was lt. Wilhelm Schnieders eine absolute Ausnahme in seiner schulischen Laufbahn gewesen ist. 1968 beginnt er seiner Ausbildung, die er 1971 als Jahrgangsbester abschließt. Es folgen die Meisterprüfung und die Ausbildung „Diätisch geschulter Koch". „Wenn gute frische Früchte, wenn die

Rehrücken im Haselnussmantel
mit Rotweinsauce, Pfifferlingen und Kartoffeltalern

Rezept für 4 Personen

Zutaten:

Für das Fleisch:
600 g Rehrücken (ausgelöst und sauber pariert)
100 g gemahlene Haselnüsse
20 g Mehl
2 Eier

Für die Sauce:
Rehknochen
(in Walnussgröße gehackt)
60 g Zwiebeln
30 g Möhren
30 g Sellerie
1 EL Tomatenmark
0,2 l Rotwein
1 Lorbeerblatt
6 Wacholderbeeren
Wildbrühe

Für die Beilage:
500 g Pfifferlinge
20 g feine Schinkenwürfel
20 g feine Zwiebelwürfel
30 g Butterschmalz

500 g Kartoffeln
(mehlig kochend, geschält)
2 Eigelb
3 g Petersilie (fein gehackt)
jeweils 20 g feine Zwiebel-
und Speckwürfel
Salz, Pfeffer

1. Für die Sauce die Knochen mit dem Gemüse anrösten, Tomatenmark und Gewürze zugeben, mit Rotwein ablöschen und die Brühe zugeben. Die Sauce mindestens 1 Stunde kochen lassen.

2. Die Kartoffeln im Salzwasser kochen. Die Kartoffeln stampfen. Die Eigelbe, Petersilie, Zwiebel- und Speckwürfel dazugeben. Die Masse mit Salz und Pfeffer abschmecken und zu einer langen Rolle formen. Mit einem Messer in kleine Taler teilen. Jetzt die Taler im Öl goldbraun rösten.

3. Die Filets abtupfen. Mit Salz und Pfeffer würzen. Dann in Mehl und verquirltem Ei wenden. Zuletzt mit den Haselnüssen panieren. Die Butter in einer Pfanne schmelzen lassen und die Rehfilets darin bei schwacher Hitze auf beiden Seiten ca. 5 Minuten braten. Filets im Backofen bei 60 °C warm stellen.

4. Schinken- und Zwiebelwürfel in Fett anschwitzen, Pfifferlinge zugeben, bei starker Hitze 2–3 Minuten braten und würzen (Pilze vertragen reichlich Pfeffer!).

Marienwallfahrtsort St. Mariä Geburt Eggerode

Markus Winter

empfiehlt Wild aus dem Backofen

Seit 275 Jahren werden im Hotel Winter nunmehr Gäste bewirtet, aber die Tradition des Hauses geht viel weiter zurück, auf das Jahr 1688. Hier wurde erstmals belegt, dass das Haus bei einem Feuer niederbrannte, bevor es danach in den Besitz der Familie Winter gelangte. Heute verwöhnt hier Markus Winter gemeinsam mit seiner Frau Antje in 9. Generation die Gäste. Sein Handwerk hat er in renommierten Häusern wie dem Hotel Weissenburg in Billerbeck, in dem Restaurant „Zum Schwanen" in Ochsenbach und vielen weiteren gesammelt. Nach einigen Stationen übernahm er dann am

1. Mai 1989 die Küche des Hotels Winter in Eggerode, seinem Elternhaus. Hier wird in ländlich-idyllischer Atmosphäre die große Tradition des Hauses auch in der Küche zelebriert. Eine besondere Spezialität ist sicherlich der traditionelle Backofen aus Schamott-Stein, aus dem das „Backofenessen" angeboten wird. Ganz besonders in der kalten Jahreszeit werden hier für Gäste die knusprige Schweinshaxe, Ente, Kassler im Brotteig, Angus Hüfte und Lammkeule angeboten. Die Tradition des Hauses hat aber noch viel mehr zu bieten. Das Damwild aus eigenem Gehege wird schon seit Jahrzehnten kulinarisch in Szene

gesetzt und es hat sich im Münsterland herumgesprochen, dass man es bei Markus Winter unbedingt einmal essen muss, denn hier wird es wie vor Jahrhunderten im eisernen, original münsterländischen Backofen gegart. Er empfiehlt auf jeden Fall, das Wild im Backofen nicht mit Umluft zu garen. Um den Effekt des Original Backofens zu erreichen, sollte man Ober- und Unterhitze einstellen. Markus Winter verrät für dieses Kochbuch das Rezept für seine Wild-Spezialität und wünscht Ihnen viel Spaß beim Nachkochen.

Marinierte Damwild-Keule
mit Rotkraut und Semmelknödel

Rezept für 4 Personen

Zutaten:

800–1000 g Damwild-Keule
12 Wacholderbeeren
5 EL Öl
1 TL Salz
schwarzer Pfeffer
4 EL Cranberrysenf
1 Lorbeerblatt
1–2 EL Himbeeressig
4 Pimentkörner
2 Nelken
1 Zweig Rosmarin
etwas geriebenen Ingwer
50 g Dörrfleisch oder Schinkenspeck
100 g Möhren
250 g Zwiebeln
1/8–1/4 l Rotwein

1. Wacholderbeeren zerstoßen und mit dem Cranberrysenf, Himbeeressig, dem Öl, Salz und Pfeffer verrühren. Die übrigen Gewürze hinzufügen, das Fleisch damit einreiben und ca. 24 Stunden ziehen lassen.

2. Öl erhitzen, das Dörrfleisch in einer Pfanne auslassen und das abgetrocknete Fleisch darin anbraten. Salzen und mit Rotwein ablöschen. Mit Wasser nach Bedarf auffüllen und ca. 240 Minuten bei 120°C im Ofen schmoren (Ober- und Unterhitze einstellen!).

3. Bratensaft mit Rotwein oder Wasser aufgießen und wie üblich binden. Als Beilage empfehlen wir Rotkohl und Knödel.

Eine Abwandlung wäre es, das Fleisch in eine Marinade aus Wein, Weinessig oder Zitronensaft einzulegen. Dabei muss das Fleisch etwa zwei Tage eingelegt und ganz von der Flüssigkeit bedeckt sein. Um es besonders mürbe zu machen, wird es auch in Butter- oder Sauermilch eingelegt. Wurzelgemüse sorgt für eine besonders aromatische Bratensoße.

St. Antonius Kirche in Reken

Theo Bösing
Wichtig sind ihm zufriedene Gäste

rant Alter Garten eine große Fangemeinde hat. Die Liebe zur Arbeit und die vertraute Küche ebneten dem Restaurant den Weg zu einem über die Grenzen des Ruhrgebiets bekannten Ruf. „Wichtig sind in erster Linie zufriedene Gäste, denen wir gleichbleibend gute Qualität zu fairen Preisen anbieten". Besonders beliebt sind die frischen Weidegänse, die ab Ende Oktober bis in den Dezember hinein im täglichen Angebot sind. Beim Einkauf achtet der Küchenchef auf den verantwortungsvollen Anbau in der Umgebung und in der Wildsaison kauft er die angebotenen Produkte aus heimischen Wäldern nur bei ausgesuchten münsterländer

Betrieben. Die gemütlich rustikal und modern gestalteten Räume ebenso wie die idyllisch im Garten gelegene Terrasse laden zum Verweilen ein. Hier finden im Sommer Radler, die einen Ausflug durch den Naturpark Hohe Mark machen, einen Schattenplatz für ein kühles Getränk und bei Hochzeiten ist der Garten die ideale Kulisse für das Brautpaar.

Für dieses Buch hat Theo Bösing zusammen mit seiner Tochter Ilka ein für das Restaurant typisches Rezept ausgesucht, das seine Produkt- und Kochphilosophie in ganz besonderer Weise zeigt.

Seit Generationen ist das Restaurant Alter Garten im Besitz der Familie Bösing. Hier verarbeitet Inhaber und Küchenchef Theo Bösing mit Vorliebe heimische Produkte der Münsterländer Region für seine Gäste.

Seine Ausbildung absolviert der gebürtige Klein Rekener in Münsters Hof zur Linde. Weiter führte ihn sein Weg über Köln (Franz Keller) in den Schwarzwald (Hotel Ritter Durchbach) sowie in die Schweiz (Kurhotel Lenkerhof) bis er schließlich 1990 nach erfolgreichem Ablegen der Meisterprüfung in Heidelberg den elterlichen Betrieb übernahm. Es verwundert nicht, dass das Restau-

Junge Ente
mit Pfifferlingen, Pflaumen & Spitzkohlroulade

Rezept für 4–6 Personen

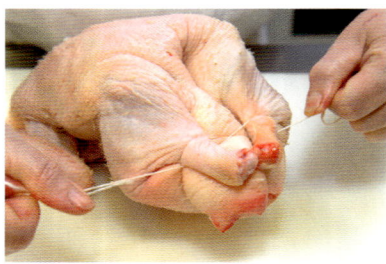

Zutaten:

1 Ente (ca. 2 kg)
Bratfett
Röstgemüse (125 g Zwiebelwürfel,
50 g Möhre, 50 g Sellerie)
100 g Möhrenwürfel
1/8 l Rotwein
1/4 l Kalbsfond
etwas Stärke
80 g Butter
300 g Pfifferlinge
150 g frische Pflaumen
1 Spitzkohl (ca. 500 g)
2 Lauchzwiebeln (in Ringe geschnitten)
80 g Bechamel Sauce
1 Eigelb
20 g Butterschmalz
Kräuter (Thymian, Rosmarin, Salbei)
Salz, Pfeffer, Zucker, Muskat

1. Die küchenfertige Ente waschen, abtrocknen und von innen und außen würzen. Die Kräuter in die Ente geben. Dann wird sie gebunden und im Bratfett von allen Seiten angebraten. Den Topf verschließen und im vorgeheizten Backofen bei 160 °C ca. 50 Minuten schmoren lassen. Dann die Ente mit der Brustseite nach oben (ohne Deckel) 50 Minuten goldbraun braten. Regelmäßig mit dem Bratensaft begießen. Nach 20 Minuten das Röstgemüse dazugeben. Die Ente herausnehmen und warmstellen. Den Bratensaft entfetten, mit dem Rotwein und Kalbsfond aufgießen und aufkochen, passieren und auf ca. 0,3 l reduzieren. Mit etwas Stärke nachbinden und mit 30 g Butter aufarbeiten.

2. Die Pfifferlinge putzen, mit 25 g Zwiebelwürfel in 20 g Butterschmalz braten und würzen. Zucker karamellisieren und die Pflaumen darin schwenken. Anschließend fein geschnittenen Thymian dazugeben.

3. Den Strunk und die Rippen aus dem Spitzkohl schneiden. Die äußeren Blätter blanchieren, in kaltem Salzwasser abschrecken und trocken tupfen. Den Rest des Spitzkohls in Streifen schneiden. Die Möhrenwürfel in 10 g Butter anschwitzen. Den Spitzkohl und den Lauch dazugeben, würzen, 5 Minuten im geschlossenen Topf garen lassen. Die Bechamelsoße hinzufügen und mit Eigelb abziehen. Die Blätter in einem Rechteck von 10x30 cm auf ein trockenes Tuch legen, salzen und mit der Gemüsefüllung bestreichen. Mit der Hilfe des Tuches zu einer Roulade formen und auswickeln. Die Roulade auf ein gefettetes Blech setzen, mit etwas Butter bestreichen und 10 Minuten zu der Ente in den Backofen schieben. Anschließend in vier gleichmäßige Stücke schneiden und anrichten. Dazu empfehlen wir geschmorte Kartoffeln.

Wassermühle im Stevertal bei Nottuln

Wolfgang Niehoff
Bei ihm läuft die Arbeit nicht vom Band

Wer einen Kurzurlaub von der Alltagshektik machen möchte, der ist bei Familie Niehoff in den Baumbergen vor Münsters Toren genau richtig. Eingebettet in die grüne Oase Münsterland wartet die Steverburg in Nottuln mit gastlichem Ambiente und auch kulinarisch mit Besonderem. Küchenchef Wolfgang Niehoff serviert hier sowohl heimische Spezialitäten als auch feinste internationale Gerichte. Und das erstaunt nicht, denn der Küchenchef ist weit gereist und hat bei den besten Adressen sein Handwerk gelernt. Vom Hotel Bachmair in Rottach-Egern über das Hotel Churchill in

London bis zum Le Richemond in Genf führte ihn sein Weg, der dann schließlich zurück in seine Heimat führte – das Münsterland.

„Bei uns läuft die Arbeit nicht vom Band, hier schafft man noch mit Herz und Hand" so Wolfgang Niehoff über seine Kochphilosophie. Neben den saisonalen Spezialitäten-Highlights bietet der probierfreudige Koch auch Gelegenheit zu außergewöhnlichen kulinarischen Ausflügen. Unter dem Motto „Der Ferne Osten ganz nah" serviert die Küche z. B. ein Zitronengrassüppchen mit Koriander Aioli. Das Hotel Steverburg ist der ideale Ausgangspunkt zur Erkundung des

westlichen Münsterlandes. Mit Stadtbesichtigungen, Wasserburgenfahrt, Spaziergängen und Pättkesfahrten (so nennt man in Münster die Fahrradtouren) kann der Gast hier seinen Aufenthalt mit allen Sinnen genießen. Das von Wolfgang Niehoff vorgestellte Wildrezept ist im Herbst ein fester Bestandteil der Steverburg-Karte. Die Rehschulter (oder Keule) sollten Sie bei einem Fleischer oder auf dem Markt besorgen, denn die Fleischqualität spielt für das optimale Gelingen eine große Rolle. In Kombination mit heißen Früchten und Preiselbeeren ist das Rezept ein Klassiker.

Rehragout „Diana"
mit Birne und Preiselbeeren

Rezept für 4 Personen

Zutaten:

1200 g Rehschulter oder Keule
600 g fetter Speck
80 g Zucker
Champignons
2 Zwiebeln
80 g Tomatenmark
1/4 l Rotwein
Brühe (Wasser)
Mondamin
Sauerrahm nach Bedarf
2 Birnen
ca. 4 EL Preiselbeeren
Rosmarin
Thymian
Salz
Pfeffer

1. Fleisch in große Würfel schneiden. Fetten Speck in einer Kasserolle auslassen, das Fleisch dazugeben und gut anbraten.

2. Nun Zucker, Salz und Pfeffer hinzugeben. Der Zucker ist besonders wichtig, da er das Fleisch beim Braten bräunt.

3. Wenn das Fleisch gut angebraten ist, eine klein geschnittene Zwiebel hinzufügen und weiter anbraten.

4. Tomatenmark, Champignons, Thymian und Rosmarin hinzufügen. Mit kräftigem Rotwein ablöschen und ca. 1 Stunde einköcheln lassen. Ab und an mit Brühe (Wasser) auffüllen. Die Soße nach Bedarf mit Sauerrahm binden.

5. Die Birnen schälen, halbieren und aushöhlen. Jede Hälfte mit ca. 1 EL Preiselbeeren füllen.

6. Das Ragout mit Birne und Preiselbeeren garniert servieren.

Pängelanton in Münster-Gremmendorf

Axel Fiegler
Westfälische Küche mit mediterranen Akzenten

des Lebens wurde. Nach einer hervorragenden Prüfung und einiger Zeit, in der er das Jagdhaus noch unterstützte, arbeitete er schließlich als Chef de Partie in der Bankettküche im Hotel Mövenpick in Münster. Von dort ging es dann aber gleich wieder in die Küche, wo er in einem kleinen mediterranen Restaurant seinen Kochkünsten den Feinschliff gab. Seit 2009 leitet er nun im Kunsthaus Angelmodde die Küchenbrigade. In neuem Gewand und unter neuer Leitung ist das Haus schnell wieder zur Blüte erwacht. Die frischen Kräuter, die auf der Terrasse in der Sonne ihren Duft verbreiten und selbst gezogene historische Gemüseraritäten runden das Bild

optisch wie geschmacklich ab. In diesem außergewöhnlichen Fachwerkambiente, dem lichtdurchfluteten Wintergarten sowie der ausgesucht modernen Einrichtung und Deko, schafft das Kunsthaus Angelmodde den Rahmen für schöne Momente. Der ideale Ort für den kunstinteressierten Gourmet, denn in der Kunsthaus-Galerie finden ständig wechselnde Ausstellungen statt. Zum kulinarischen Angebot von Axel Fiegler zählt die westfälische Küche mit mediterranen Akzenten. Hier stellt er Ihnen ein Gericht vor, das er während eines Spanienurlaubs kennengelernt hat.

Der gebürtige Berliner wollte eigentlich sein Leben dem Spirituellen und der Religion widmen. Soziales Engagement in allen Bereichen, die die Kirche ehrenamtlich anbietet, führten ihn mit 21 Jahren nach Münster, wo er ein Studium der Theologie begann. Doch da es für Diplom-Theologen nahezu keine Stellen mehr gab, machte er mit 26 Jahren kurzerhand sein Hobby zum Beruf und eine Ausbildung zum Koch bei Benedikt Freiberger im Davert Jagdhaus. Sein Lehrmeister zeigte sich für ihn als ein Mann, der immer mehr Vater als Ausbilder war und Axel Fiegler zum Vorbild in vielen Bereichen

Pollo Kataluna

Katalanisches Hähnchen

Rezept für 4 Personen

Zutaten:

4 Hähnchenbrustfilets (pariert)

Für die Marinade:

1 Knoblauchzehe (fein geschnitten)
1 Zwiebel (geschält, gewürfelt)
100 ml Sahne oder Joghurt
50 g Currypulver Indisch Pirat
Saft einer Zitrone
200 ml Sonnenblumenöl
Rosmarin, Zitronenthymian
Salz, Pfeffer

Für den marinierten Blattspinat:

2 kg Blattspinat
1 Zwiebel (geschält, gewürfelt)
1 Knoblauchzehe (fein geschnitten)
etwas Sonnenblumenöl
Muskat
etwas Weißwein zum Ablöschen
Salz, Pfeffer

1 l Bratensauce
Erdnüsse, Cashewkerne
Sultaninen

2 Cherrytomaten an der Rispe
Frische Kräuter (Salbei,
glatte Petersilie, Oregano, Basilikum)
zum Frittieren und Ausgarnieren

1. Alle Marinaden-Zutaten mit dem Stabmixer fein pürieren. Die Hähnchenbrüste in der Marinade über Nacht einlegen. Dann die Hähnchenbrüste von beiden Seiten scharf anbraten und anschließend je nach Dicke der Filets 10–15 Minuten im vorgeheizten Ofen bei 180 °C zu Ende garen lassen.

2. Den Blattspinat gründlich putzen. Die Zwiebelwürfel in etwas Öl glasig schwitzen, den Knoblauch zugeben und mit Weißwein ablöschen. Danach mit Salz, Pfeffer und Muskat würzen und den Blattspinat darin zusammenfallen lassen. Vor dem Anrichten mit dem Löffelrücken ausdrücken.

3. Die Bratensauce aufkochen, nach Belieben verfeinern (z. B. Kräuter, Portwein). Die Sultaninen und die Nüsse dazugeben und kurz ziehen lassen. Eventuell etwas einköcheln lassen oder wenn die Sauce droht, zu kräftig zu werden, mit etwas Speisestärke nachbinden (die Speisestärke mit gerade so viel kaltem Wasser anrühren, dass sie fließfähig wird und diese unter Rühren in die köchelnde Sauce einfließen lassen). Zum Garnieren die Tomaten in einer Frittüre oder einem kleinen Topf mit heißem Öl anfrittieren bis die Schale platzt, abtropfen lassen und mit grobem Meersalz bestreuen.

Schiffshebewerk in Henrichenburg

Stefan Manier
Kochen ist seine Droge

Man nehme... eine gute Portion Gourmetküche, selbstbewusste Kreativität, exzellenten Geschmack, beste Zutaten, eine Location mit Geheimtipp-Faktor, handwerkliches Können und viel Erfahrung in den bekanntesten Küchen zwischen St. Moritz, Rom und Wien. Gewürzt wird diese Mischung durch jede Menge Kochleidenschaft und der Freude, den Gast mit etwas Besonderem zu verwöhnen. Das Topping: Ein Michelin Stern. Voilà: Stefan Manier! Aber Tomaten Pesto links gerührt oder Rinderfilet hochkant gebraten? Da ist man bei ihm nicht an der richtigen Adresse. Er möchte das Rad nicht neu

erfinden, sondern es weiterdrehen. Als Stefan Manier 2005 von seinem Freund Holger Stromberg als geschäftsführender Partner nach Waltrop geholt wurde, brach eine völlig neue Zeitrechnung für das Gasthaus an. Denn mit ihm hielt der Geist der „Neuen Wilden" Einzug in das traditionsreiche Haus. Kochen, so sagt er, sei seine Droge, und das glaubt man ihm gerne, denn in seinem Leben scheint einfach alles mit dem Kochen zu tun zu haben. Bei Stromberg kocht er westfälisch geprägte Gerichte, die mit neuen, fantasievollen Akzenten ein breites Publikum ansprechen und mit hohem Anspruch überzeugen. Stefan

Manier stellt mit Selbstverständlichkeit neben der klassischen Rinderroulade mit Rotkohl und Klößen auch die Currywurst mit Paprika-Chutney und gebackenen Kartoffeln oder die Schaumsuppe von rotem Curry mit Wakame und mariniertem Thuna auf die Karte. Frische Erzeugnisse aus heimischer Produktion und ausgewählte Zutaten aus aller Welt sind für Manier eine Selbstverständlichkeit. Im gemütlichen und mit viel Liebe zum Detail neu gestalteten Gasthaus Stromberg gerät man regelrecht ins Schwärmen.

Rosa Reh
mit Kichererbsen-Espuma

Rezept für 4 Personen

Zutaten:

500 g Rehkeule ohne Knochen
1 Dose Kichererbsen
0,5 l Brühe
2 Knoblauchzehen
1 Zwiebel
1 Zitrone
2 cl Sesamöl
1 Prise Kreuzkümmel
3 Zweige Thymian
3 Zweige Rosmarin
2 Stücke Sternanis
grüner Spargel
kleine Lauchstangen
2 EL Olivenöl
1 Vanilleschote
20 g Butter
Salz, Pfeffer
5 g „5-Spices"-Gewürzmischung

1. Die Kichererbsen gründlich mit kaltem Wasser abwaschen. Die Zwiebeln und die Knoblauchzehen in feine Würfel schneiden und in einem Topf mit Sesamöl anschwitzen. Die Kichererbsen dazugeben und mit Brühe auffüllen. Aufkochen lassen, anschließend in einen Mixer geben und zu einer dicken Suppe mixen. Mit Kreuzkümmel, Zitronensaft, Salz und Pfeffer abschmecken. Dann durch ein Spitzsieb passieren. Die fertige Masse in eine Espuma-Flasche (ähnlich wie Sahnespender) geben und mit einer Patrone aufschäumen (Espuma ist ein salziger Schaum, der Name stammt aus der spanischen Sprache).

2. Spargel und Lauch waschen und im Ganzen in einer Pfanne mit etwas Olivenöl und ein wenig Salz andünsten. Die Butter in einem Topf zum Schäumen bringen, die Vanilleschote auskratzen und mit dem Mark zur Butter geben. Das Gemüse mit Salz und Pfeffer abschmecken und mit 5-Spices-Gewürzmischung abrunden.

3. Nun das Reh salzen und pfeffern, in einer Pfanne mit Rosmarin, Thymian und Sternanis von allen Seiten anbraten, dann für 25 Minuten bei ca. 165 °C in den Ofen geben. Nach der Hälfte der Zeit das Fleisch wenden. Anschließend mit den Aromaten in Alufolie einpacken und 10 Minuten ruhen lassen. Wichtig hierbei ist, dass die glänzende Seite der Folie nach innen zeigt. Sie reflektiert die Wärme, die so am Fleisch bleibt.

4. Das Kichenerbsen-Espuma wird nun in der Mitte des Tellers angerichtet. Anschließend wird das in dünne Scheiben geschnittene Reh darauf angerichtet und ringsherum und oben auf das Gemüse drapiert.

Wallfahrtskapelle vor der St.-Clemens-Kirche in Telgte

Leo Beckord

Für seine Küche kommen die Gäste von weit her geflogen

er dann Sous-Chef im elterlichen Betrieb und baute seine Fähigkeiten und seinen Kochstil immer weiter aus. Mittlerweile hatten die Eltern Brigitta und Leo 1972 ein Nachbargrundstück erworben und dort ein Restaurantgebäude errichtet, das Leo Beckord bis zum heutigen Stand ausbaute. Im Restaurant Berdelhafen finden sich Lindbergh, Graf Zeppelin und Lilienthal mit eigenen Räumen verewigt. Hier serviert Beckord seinen Gästen heute vor wunderbarer Aussicht auf das Flugfeld frisch zubereitete Köstlichkeiten aus der Region, saisonale Gerichte aber auch verschiedene Steakvariationen, Fisch- und Lammgerichte sowie

auch eine Vielzahl vegetarischer Speisen. Leo Beckords absolute Vorliebe zu Wildgerichten lässt sich bei dem ausgesuchten Rezept erkennen. Kein Wunder, denn schon während seiner Ausbildung standen Wildspezialitäten jeden Tag auf der Karte und der Vater versorgte als leidenschaftlicher Jäger das eigene Restaurant mit frischem Wildbret. In den letzten Jahren tat dies der Schwiegervater – wenn das kein Zufall ist.
Die Kombination von süßen Schattenmorellen und scharfem Madagaskar Pfeffer ist wirklich köstlich und beweist somit, dass Gegensätze sich auch beim Kochen anziehen.

Als sein Vater 1967 das Gelände am Flughafen Telgte übernahm, stand dort zunächst nur eine Baracke, in der sich eine Küche befand. Man kann sich vorstellen, dass an Flugtagen bei der Landung eines Kampfjets der Marke Harrier das Gefühl aufkam, „als würde man gradewegs durch die Küche fliegen" erinnert sich Leo Beckord. „In der Vitrine wackelten die Gläser vom ohrenbetäubenden Lärm". Ein kleiner Junge war er damals. Einige Jahre später, als junger Mann entschied er sich dann, eine Ausbildung im Restaurant Pröbsting in Münster zu absolvieren und Koch zu werden. 1980 wurde

Filet vom Wildschwein
an Kirsch-Pfeffersoße mit Romanesco & Kartoffelrösti

Rezept für 4 Personen

Zutaten:

880 g Filet vom Wildschwein
0,2 l Wildfond
ca. 30 Schattenmorellen
2 EL grüner Madagaskar-
Pfeffer in Lake
600 g Romanesco
750 g Kartoffeln
2 Eier
Pfeffer
Salz
Lorbeerblatt
Wildgewürz
Öl zum Braten
etwas Butter

1. Kartoffeln schälen, grob raspeln, würzen und mit den Eiern vermengen. Anschließend goldbraun in heißem Fett ausbraten.

2. In der Zwischenzeit den Romanesco in reichlich heißem Salzwasser mit etwas Butter garen.

3. Die Filets würzen und in heißem Olivenöl von jeder Seite ca. 3 Minuten goldbraun braten.

4. Das Fleisch aus der Pfanne nehmen, das Olivenöl abgießen und anschließend mit dem Fond aufgießen. Die Kirschen, die Madagaskar Pfefferkörner (ohne Lake) zugeben. Eventuell die Sauce mit Speisestärke etwas andicken.

5. Vor dem Servieren den Teller im Backofen bei 120 °C vorwärmen. Dann alles auf dem Teller anrichten.

Konzert Theater in Coesfeld

David Siegl
Kochen liegt ihm im Blut

Ein krachend-knackiger Salat, ein rötliches Möhrchen hauchzart daneben, ein Hühnchen mit Muskatnuss, der Duft von Suppengrün und marktfrischen Kräutern, die aus der Küche ziehen. Man riecht die Küche im Casino in Coesfeld schon in der Vorstellung. Hier bietet David Siegl einen Hauch Toskana, eine Spur Provence und obendrauf natürlich ein herzhaftes Stück Münsterland. „Ich liebe die Zusammensetzung aus Kreativität, Arbeit, Genuss und schmackhaften Zutaten", sagt er schwärmerisch. Dass Kochen ihm im Blut liegt, war schon früh in seiner Jugend klar und so

war die Berufswahl auch gleich klar. Koch wollte er werden – und Koch ist er geworden. Und was für einer! Nach erfolgreicher Kochausbildung in seiner Heimat, dem Rhein-Main-Gebiet, führte ihn sein Weg 2002 nach Münster. Hier arbeitete er als Küchenchef im Skaters Palace bis er 2006 die Verantwortung im Restaurant Heaven übernahm. Das Heaven zählt nicht zuletzt wegen seiner kreativen Küche zu einem der besten Retsaurants im Münsterland. 2009 wechselte er in die Selbstständigkeit und leitet seitdem das Restaurant Casino in Coesfeld. Das Casino liegt in idealer Lage und ist seit Jahren ein Sinnbild für hochwer-

tige Küche in stilvollem, modernem Ambiente. Wer hier Gast ist, kommt nicht nur zum Essen. „Frisch verliebt" ist das Motto des Hauses und hier kann man sich dann auch in lockerer Atmosphäre verabreden, verlieben, genießen oder warum nicht gleich alles zusammen. „Samsteaks" auch unter dem Motto saftig bis knackig. Vom weltberühmten „Wiener Schnitzel" über das italienische „Saltim Bocca" bis hin zu seinem hier vorgestellten Coesfelder Jungbullenfilet, David Siegl liebt Fleisch und kombiniert es liebevoll mit den feinsten Zutaten.

Coesfelder Jungbullenfilet
im Pata Negramantel mit Olivenöljus & Gnocchiroulade

Rezept für 4 Personen

Zutaten:

1 kg gut abgehangenes
Jungbullenfilet
200 g Patanegra-Schinken
(in dünnen Scheiben)
4 Platten Filoteig
400 g mehlig kochende Kartoffeln
50 g Kartoffelmehl
1 Eigelb
200 g Kirschtomaten
Meersalz
Muskatnuss
Pfeffer aus der Mühle
frischer Thymian
frischer Rosmarin
Erdnussöl
20 ml gutes Olivenöl
100 ml Kalbsjus
100 g Parmesan
Bratenband

1. Die Kartoffeln schälen, waschen, kochen und auf einem Sieb ausdampfen lassen. Durch die Kartoffelpresse in eine Schüssel geben und mit Eigelb, Kartoffelmehl, etwas Salz und Muskatnuss vermengen. 4 gleichmäßige Rollen formen.

2. Die Kartoffelrollen auf den Filoteig legen und in Alufolie wie Bonbons zudrehen. Im Dämpfer nun die Rollen 10 Minuten dämpfen. Danach die fertigen Rouladen aus der Alufolie nehmen und in Erdnussöl goldbraun braten.

3. Das Jungbullenfilet in 4 gleichmäßig große Steaks portionieren und diese mit dem Schinken umwickeln. Mit Bratenband binden und mit Pfeffer aus der Mühle würzen.

4. In einer Grillpfanne die Steaks in Pflanzenfett anbraten, etwas frischen Thymian und Rosmarin zugeben. Die Kirschtomaten zugeben und mit etwas Meersalz würzen. Den Ofen auf 110 °C vorheizen und nun die Steaks ca. 10 Minuten darin gar ziehen lassen.

5. Ofen auf 180 °C Oberhitze vorheizen. Parmesan grob reiben. Backblech mit Backpapier auslegen, den Parmesan dünn in 4 Streifen verteilen und für ca. 3–5 Minuten in den Ofen geben, bis er schön zusammengeschmolzen und etwas knusprig geworden ist. Den Käse herausnehmen und etwas auskühlen lassen.

6. Die Kalbsjus in eine kleinen Topf erhitzen und langsam Olivenöl zugeben. Mit dem Mixstab aufschlagen.

7. Das Steak, Grilltomaten und die Gnocchiroulade nach Belieben auf einem Teller anrichten und mit der Olivenöljus nappieren.

Schloss Loburg bei Ostbevern

Michael Mersbäumer
mit künstlerischem Geschick

Natürlich wurde auch die Küche modernisiert, der heutige Arbeitsplatz von Michael Mersbäumer. Erfolgreich schloss er seine Kochausbildung im Heidehotel Waldhütte in Telgte ab und es folgten Stationen im Hotel Monti (Schweiz), Schlosshotel Bühlerhöhe (Bühl), Parkhotel Bremen und auf dem Segelschiff Swaensborgh.

Ganz besonders ist seine Liebe zu Eis-Skulpturen. Dabei stellt er mit großem künstlerischen Geschick und in langer Feinarbeit Skulpturen bildhauerisch aus rohen Eisblöcken her. Ob Sternzeichen oder Jahreszahl, Firmenlogo oder dreidimensionales Produkt – eine Eis-Skulptur von ihm ist ein außergewöhnlicher Blickfang und die Krönung für jeden Anlass.

Küchenchef Michael Mersbäumer und seine Küchenbrigade servieren ihren Gästen herzhafte Vorspeisen, ausgefallene Hauptgerichte und feine Desserts – fast alle auf westfälischer Grundlage, aber durchaus raffiniert und mit dem Pepp, den man sich für besondere Gelegenheiten erträumt. Und dass er nicht nur westfälisch kocht, verrät schon der Name „Crépinette" in dem hier vorgestellten Rezept. Die Crépinette ist eigentlich eine französische Wurstspezialität aus Kalbs- oder Lammfleisch. Michael Mersbäumer bereitet sie hier in Wirsing und mit Wild zu.

1858 – in diesem Jahr begann die Geschichte des Gasthofes Mersbäumer. Ein Pferdekotten mit Ausschank war das heutige Restaurant und Hotel damals. Durch viele Neubauten wurde dann ab 1990 das Haus modernisiert und es entstanden neben den Hotelzimmern auch der blaue- und der Rosensaal in ihrer jetzigen Form. Ganz besonders erwähnenswert ist das Halstenbeck-Zimmer. Der im gemütlichen Landhausstil gehaltene Raum erinnert übrigens an das „Jüfferken von Halstenbeck", das vor mehr als 600 Jahren als Burgfräulein auf Burg Halstenbeck nahe Westbevern lebte.

Crépinette vom Rehrücken
mit hausgemachten Spätzle

Rezept für 4 Personen

Zutaten:

Für die Crépinette:
1, 5 kg Wildfleisch
Rehrücken
1,5 l Sahne
etwas Sherry
100 g Eiklar
1 Karotte (in Balken geschnitten)
Wirsing

Für die Sauce:
Wildknochen und Fleischabschnitte,
Röstgemüse (Zwiebeln, Karotten,
Sellerie, Lauch),
1 EL Tomatenmark, 0,3 l Rotwein,
2 l Wildfond/Gemüsebrühe,
Rosmarin, Gewürzsäckchen (mit
Wachholderbeeren, Nelken, Lorbeer
und Pfefferkörnern), Preiselbeeren

Für die Spätzle:
500 g Weizenmehl, 0,2 l Sahne/
Milch, 5 Eier, Muskatnuss

Salz, Pfeffer
Butterschmalz

1. Fleisch in den Froster stellen und nach und nach etwa 20 Minuten durch den Fleischwolf drehen, mit Salz würzen und im Mixer zerkleinern. Die Sahne und Sherry hinzugeben, anschließend durch ein feines Sieb geben. Den Rehrücken salzen und pfeffern, in heißem Butterschmalz kurz anbraten. Die Wirsingblätter vom Strunk abtrennen, kurz in kochendem Wasser blanchieren, in Eiswasser abschrecken, abtropfen lassen und mit einem Küchenkrepp gut trockentupfen. Die Wirsingblätter zu ca. 2/3 mit der Farce bestreichen, einen Möhrenbalken und das Rehfilet auf die Farce legen, aufrollen. In Folie einschlagen und ca. 25 Minuten bei 80°C pochieren.

2. Die Knochen und die Fleischabschnitte scharf anbraten, das Röstgemüse zugeben und Farbe nehmen lassen. Dann das Tomatenmark zugeben und mitrösten. Mit Rotwein in zwei Schritten ablöschen. Mit Wildfond oder Brühe auffüllen. Nach der halben Garzeit das Gewürzsäckchen und die Preiselbeeren zufügen und abschmecken. Anschließend den Fond durch ein feines Sieb passieren, mit klein geschnittenen Feigen, Honig und Dijonsenf verfeinern, leicht abbinden.

3. Alle Rohstoffe für die Spätzle bis zur Blasenbildung mischen. Mit einer Palette dünn auf ein Holzbrett auftragen, von dort in Streifen in siedendes Salzwasser abstreichen. Gare Spätzle abschrecken, anschließend in Butterschmalz schwenken.

Marathon 2010 in Münster

Arno Brandt
Die hohe Kunst der „Pfannenjonglage"

Er ist Genusszauberer, Pfannenjongleur und Gewürzakrobat – er ist leidenschaftlicher Küchenkünstler! All diese Bezeichnungen passen zu Arno Brandt, da er täglich Zauberer, Jongleure und Akrobaten trifft – Arno Brandt ist Küchenchef im GOP Varieté-Theater Münster.

1989 begann er seine Berufung in einem renommierten Gasthaus in Bramsche zu erlernen. Nach seiner Ausbildung zum Koch besuchte er eine Fachschule für Ernährungswissenschaften und sammelte internationale Berufserfahrung in den USA, in der Blackhead Mountain Lodge nahe der

Weltmetropole New York. Zurück in Deutschland eröffnete er 1994 in Osnabrück das Szene-Restaurant „TRASH" und arbeitete nebenbei als freiberuflicher Eventkoch. Er kochte auf unterschiedlichen Großveranstaltungen und im Rahmen einer Varietégala auch im GOP Essen. Aus einem Auftrag im GOP wurden mehrere und die Varieté-Macher lernten seine Qualitäten zu schätzen, sodass eine Festanstellung folgte. Als im Jahr 2005 das GOP Varieté-Theater Münster eröffnete, übernahm Arno Brandt die Position des leitenden Küchenchefs. Bis heute ist er mit viel Leidenschaft dabei, führt erfolgreich ein Team bestehend aus

neun Köchen und drei Auszubildenden und kreiert für seine Gäste jährlich wechselnde Genussvielfalten. Er selbst sagt von sich: „Meine Küche steht für Abwechslungsreichtum mit einem kräftigen Schuss Kreativität. Das ist meine oberste Prämisse." Und wer die kulinarische GOP-Seite schon einmal getestet hat, bestätigt dies! Typisch für Arno Brandt's Kochstil ist das vorgestellte Gericht, denn er veredelt gerne regionalen Spezialitäten mit einen internationalen Touch. Sein Saltimbocca von der Forelle mit Westfälischem Schinken an warmen Spinatsalat und Butterkartoffeln ist die hohe Kunst der „Pfannenjonglage".

Saltimbocca von der Forelle

mit Westfälischem Schinken an Spinatsalat & Butterkartoffeln

Zutaten:

Für den Fisch:
4 ganze Forellen
8 Scheiben Westfälischer
Knochenschinken
8 Blätter Salbei
100 g Butter geklärt
oder Butterschmalz
Salz und Pfeffer aus der Mühle

Für das Gemüse:
500 g Spinatsalat
1 große Schalotte

Für die Sauce:
50 g Möhren
50 g Sellerie
50 g Zwiebeln
200 ml Riesling
150 ml Sahne
1 Zweig Rosmarin
1 Zweig Thymian
2 EL Olivenöl
Salz
Pfeffer
Muskat

Für die Kartoffeln:
800 g neue Kartoffeln oder
franz. Petit Kartoffeln

1. Forelle filetieren, jeweils 1 Filet halbieren, übereinander legen und würzen, den Salbei darauflegen und mit 1 Scheibe Schinken einwickeln sodass 2/3 der Forelle verdeckt ist.

2. Kartoffeln gar kochen und auskühlen lassen ggf. noch mal halbieren.

3. Das Gemüse für die Sauce in Olivenöl farblos anschwitzen, Kräuter dazugeben mit Riesling ablöschen, reduzieren lassen, die Sahne dazugeben und bei geringer Hitze köcheln lassen. Mit Salz und Pfeffer abschmecken.

4. Forellenfilets mit der Hälfte der Butter anbraten und dann im Backofen bei 80°C gar ziehen lassen, mit der anderen Butter die Kartoffeln in einer Pfanne goldbraun anbraten.

5. Schalotten in einer Pfanne mit Olivenöl anschwenken und den Spinatsalat dazugeben, mit Salz, Pfeffer und Muskat würzen.

6. Alles auf Tellern anrichten, die Sauce passieren mit einem Pürierstab aufmixen und auf den Tellern verteilen.

St. Petronilla Kirche in Münster-Handorf

Jörg Meiner
inspiriert von den französischen Kochkünsten

Cuisine kennen. Die Leidenschaft für das Kochen mit erstklassigen, fangfrischen Zutaten sowie die schlichten, geschmacksintensiven Zubereitungstechniken seiner französischen Kollegen beeindruckten ihn und prägten klar seine Art zu kochen.

Im 4-Sterne Landhaus Eggert, vor den Toren Münsters, bringt er für das stilvoll eingerichtete Gourmet-Restaurant Hof Wesendrup seine Kreationen entsprechend fein dekoriert auf die Teller. Eine der schönsten Terrassen im Münsterland lädt dort ein, die Seele bei gutem Essen baumeln zu lassen und den traumhaften Blick bei einem ausgesuchten Wein ins Wersetal

schweifen zu lassen. Wer dann hier ein Bett gebucht hat, der erlebt die wohltuende Idylle in vollen Zügen, denn das Hotel hat sich auch im Wellnessbereich einiges einfallen lassen. Das Münsterland zeigt sich hier von seiner schönsten Seite. Das von Jörg Meiner vorgestellte Fisch-Rezept macht einfach Lust darauf, auch zu Hause einmal etwas nicht Alltägliches zu kochen.

Pulsierender Mittelpunkt des Landhaus Eggert ist die Küche, denn hier ist das Reich von Jörg Meiner. Der 1975 Geborene gibt dem Gourmet Restaurant mit seinem Kochstil den besonderen Ausdruck.

Sein Weg bis hierher war lang und führte ihn von Leipzig, wo er seine Lehre absolvierte, nach Hamburg, wo er im renommierten Hotel Louis C. Jacob an der Elbe einige Zeit verweilte.

Am meisten inspiriert fühlt sich der Koch durch das Elsass und Frankreich, das ihn einige Jahre aus Deutschland in die Fremde zog. Hier lernte er in La Rochelle die Raffinesse der französischen Haute

Pochierter Merlan
mit Hummermousse und sautiertem Gemüse

Rezept für 4 Personen

Zutaten:

2 Stücke Merlan
1 kanadischer Hummer
300 ml Sahne
50 ml Traubenkernöl
Salz, Pfeffer
2 Artischocken
2 Bund Lauchzwiebeln
1 Bund (wilder) Spargel
200 g kleine Kartoffeln
(festkochend)

1. Die Fische von den Flossen und Schuppen befreien, halbieren und von der Gräte befreien.

2. Den Hummer in sprudelndem gesalztem Wasser kurz kochen – bis er eine Rotfärbung erhält – anschließend in kaltem Wasser abschrecken.

3. Die Hummerscheren abtrennen und weitere 8 Minuten kochen – anschließend im Eiswasser abkühlen, ausbrechen und kurz vor dem Servieren in etwas Butter lauwarm schwenken, mit Salz und Pfeffer würzen.

4. Das restliche Hummerfleisch zusammen mit flüssiger, kalter Sahne in einer Moulinette zu Mousse verarbeiten und auf die vorbereiteten Merlanfilets streichen. Die Filets zur Hälfte

zuklappen und bei 80 °C für ca. 20 Minuten im Ofen garen (Umluft), bis die Hummermousse gestockt ist.

5. Die Artischocken von den Blättern befreien und die Herzen im sprudelnden Wasser gar ziehen. Danach die Herzen in kegelförmige Stücke schneiden.

6. Die Lauchzwiebeln waschen und die Wurzeln sowie das Grün abschneiden. In einer Pfanne mit Butter ca. 5 Minuten garen.

7. Die Kartoffeln in kochendem Salzwasser ca. 20 Minuten gar kochen.

8. Den Fisch mit dem Hummermousse ansprechendend auf den Teller setzen und mit dem Gemüse drapieren.

9. Bon appétit!

St. Johannis-Kirche in Billerbeck

Frank Groll
in Manhattan und Billerbeck zu Hause

Die Domschenke in Billerbeck findet man auch ohne Navigationsgerät, das Hotel und Restaurant am Markt 6 liegt mitten im Zentrum direkt neben dem Ludgerusdom. Fährt man nach Billerbeck, egal aus welcher Himmelsrichtung, schon von weiter Ferne kann man den imposanten neugotischen Dom sehen. Seit 1857 residiert hier die Familie Groll in Billerbeck. In der 150-jährigen Tradition leitet heute Frank Groll das Familienunternehmen. In erster Linie ist er „Chef de Cuisine". Und das mit großem Erfolg, denn die Domschenke in Billerbeck wird hochgelobt im Michelin „Stars", im Schlem-

mer Atlas, im Varta Führer, im Bertelsmann Guide und ganz aktuell im Feinschmecker! Als Sohn einer Gastronomen-Familie hätte er auch Hotelkaufmann werden oder Betriebswirtschaft studieren können, aber es zog ihn mit Leidenschaft in die Küche. Seine Ausbildung startete er im Parkhotel Wasserburg Anholt in Isselburg. Hier lernte er unter Heinz Brune die Feinheiten der internationalen Küche kennen. Später legte er dann im oberbayrischen Altötting vor der IHK seine Küchenmeisterprüfung ab. Im Schwarzwald kochte er im Parkhotel Wehrle, dann im benachbarten Elsass, in Rouffach im „Chateau d'Issenbourg". Die französi-

sche Küche durfte er dann im „Legal Club" im New Yorker Stadtteil Manhattan dem interessierten Gourmet-Publikum präsentieren. Und auch seine Zeit bei der Bundeswehr ist für Frank Groll eine wichtige Erfahrung, denn hier durfte er im Offiziers-Casino sein Können beweisen. In seiner Freizeit geht Frank Groll gerne mit seiner Frau Petra, den Söhnen Jan Philipp und Dominik aus – zum Essen! Ansonsten reicht die Zeit gerade einmal für einen Sprung aus den Wolken oder einen schönen Urlaub mit der Familie. Mit seinem Rezept stellt Frank Groll sein Können unter Beweis.

Roulade von der Maischolle
mit Spargelgemüse und gebratener Riesengarnele

Rezept für 4 Personen

Zutaten:

Für die Rouladen:
4 Maischollen à 300 g
250 g Lachsfilet
1 Ei
100 g Blattspinat
250 ml Sahne
10 g weiche Butter
Olivenöl zum Anbraten
Salz
Pfeffer aus der Mühle

Für das Gemüse:
100 g Blattspinat
600 g Spargel
10 g Tomatenpesto
2 Strauchtomaten
Olivenöl
Salz
Pfeffer aus der Mühle

4 Riesengarnelen

1. Lachsfilet in Würfel schneiden, das Ei dazugeben und in einer Küchenmaschine kuttern. Dann die Masse durch ein Sieb streichen, mit Salz und Pfeffer würzen und mit der Sahne glatt rühren.

2. Den Spinat für die Rouladen blanchieren, in Eiswasser abschrecken und auf ein Tuch geben.

3. Die Schollen filetieren. Klarsichtfolie und Alufolie auslegen. Die Klarsichtfolie mit 10 g weicher Butter bestreichen, mit Salz und Pfeffer würzen, die Schollenfilets mit der Hautseite darauflegen und mit der Hälfte der Lachs-Farce bestreichen. Dann den vorbereiteten Blattspinat darauflegen und die andere Hälfte mit der Farce dazugeben. Das Ganze einrollen und 20 Minuten im Wasserbad pochieren.

4. Die Riesengarnelen ausbrechen, anbraten und einschneiden.

5. Den Spargel schälen, in Rauten schneiden und in Olivenöl anbraten. Den Spinat putzen, kleinschneiden und dazugeben. Die Tomaten abziehen, entkernen und in Würfel schneiden. Ebenfalls dazugeben, mit Tomatenpesto, Salz und Pfeffer würzen.

Mühlenhof-Freilichtmuseum in Münster

Udo Schröter
Klassische Küche „leicht" gemacht

in hellem Ambiente die ausgefeilte Menu-Auswahl genießen. Viel Wert wird im Bakenhof darauf gelegt, den Aufenthalt der Gäste optimal zu planen und zu verwirklichen. Persönlichen Wünschen kommt man hier gerne nach. Udo Schröters Koch-Philosophie steht für eine anspruchsvolle, frische und klassische Küche mit südeuropäischen Einflüssen.

Gesund kochen und dabei vorwiegend heimische Produkte verwenden, das ist es, was ihn antreibt. Darum beteiligt sich das Restaurant Bakenhof auch an der Aktion „Regionale Speisekarte", in der Qualität, Regionalität und Transparenz großgeschrieben werden.

Dieses Rezept hat er für Sie ausgesucht, weil es genau dieser Philosophie entspricht. Eine spannende Komposition aus knusprig und weich, die mit einigen geschmacklichen Überraschungen aufwartet. Viel Spaß beim Nachkochen und guten Appetit!

Die Karriere von Udo Schröter beginnt im „Restaurant Kräutergarten" in Coburg, von dort geht es in die Schweiz, nach Zürich. „Eine wirklich unbezahlbare Erfahrung", wie der Koch heute sagt. In Heidelberg legt er die Prüfung zum Küchenmeister ab. Ein Zufall bringt Udo Schröter dann ins Münsterland. Hier lernt er auch seine Frau kennen und nimmt sie mit ins Berner Oberland, wo er im Palace Hotel und im Piz Gloria seine Kochkunst immer weiter verfeinert. Seit 10 Jahren leitet Udo Schröter nun schon das Restaurant Bakenhof mit großem Erfolg. In ruhiger und grüner Umgebung kann man hier

Seeteufelmedaillons
in der Kerbelkruste auf Gemüsenudeln

Rezept für 4 Personen

Zutaten:

8 Medaillons vom Seeteufel à 70 g
1 Bund Kerbel
4 Scheiben Toast
1 Ei
Olivenöl zum Braten
4 mittelgroße Kartoffeln
2 Karotten
1 Stange Lauch
1 Kohlrabi
1 Zucchini
1 EL Butter
ca. 200 g Krustentierschalen
1/4 l Weißwein
1/4 Sahne
1 TL Tomatenmark
Je 50 g Sellerie, Karotte
und Schalotten
Salz
Pfeffer

1. Die Krustentierschalen leicht anschwitzen, mit 4 cl Cognac flambieren, das Gemüse dazu geben. Mit Weißwein, Sahne und etwas Wasser aufgießen. 20 Minuten köcheln lassen, durch ein feines Sieb passieren. Mit Salz und Pfeffer abschmecken. Leicht mit etwas angerührtem Mondamin abbinden. Kurz vor dem Anrichten mit einem Stabmixer kurz aufmixen.

2. Die Seeteufelmedaillons mit Salz und Pfeffer würzen, mehlieren, durch das verquirlte Ei ziehen und in dem fein geriebenen Toast mit klein gehacktem Kerbel wenden. Langsam im Olivenöl braten.

3. Das Gemüse mit einem Sparschäler abschälen, sodass es die Form von Nudeln hat. Den Lauch halbieren, waschen und längs in ca 0,5 cm breite und 10 cm lange Streifen schneiden. Das Gemüse kurz mit der Butter in einer Pfanne schwenken, sodass das Gemüse noch leichten Biss hat. Inzwischen mit etwas Zucker, Salz und Pfeffer aus der Mühle würzen.

4. Die Kartoffeln in ca. 0,5 cm dicke Scheiben schneiden und in Olivenöl von beiden Seiten goldbraun braten. Zum Schluss würzen.

5. Auf die leicht vorgewärmten Teller die Gemüsenudeln mittig anrichten, die Kartoffelchips und die Krustentiersoße außen herum anrichten, die Medaillons in der Mitte platzieren. Mit Kerbelblättern garnieren.

Das Römertor in Lengerich

Ewald Hinterding
nicht nur beim Kochen ein Genussmensch

Schon als Kind zeigte Ewald Hinterding großes Interesse für die Zubereitung und den Verzehr von gutem Essen. Da ahnte er aber noch nicht, dass dieser Beruf dann auch zu seiner Berufung werden sollte. Seine Lehr- und Wanderjahre führten Ewald Hinterding in den nächsten Jahren durch ganz Deutschland, wobei er vom Jungkoch bis zum Küchenchef viele Stationen des Kochberufes erlebte. Dann schließlich 1978: Der Start in die Selbstständigkeit. Ewald Hinterding begann in seinem Restaurant Pot-au-feu, es folgten das Davert Jagdhaus, das er aus seinem Dornröschenschlaf wachrüttelte.

1985 wurde der gastronomischen Leistung der Familie Hinterding eine besondere Auszeichnung verliehen: der Michelinstern, der sich 2010 zum 25. Mal ohne Unterbrechung wiederholte. Seit 1997 betreibt die Familie Hinterding das Restaurant Hinterding in Lengerich. In einer renovierten Jugendstilvilla wird die Küche zelebriert, die Ewald Hinterding nach wie vor als die Basis seines Kochens bezeichnet: Klassische französische Küche, modern interpretiert und mit regionalen Einflüssen. Kochen bezeichnet er als Handwerk und nicht als Kunst. Und trotzdem ist er in der Küche ein Künstler! „Das Produkt ist das Maß aller Dinge", das ist seine Philosophie. Seine Ideen vom Kochen spiegeln sich täglich in seinen Gerichten wider, denn nur die besten Produkte werden von ihm fachgerecht zubereitet. Selbstverständlich ist für ihn, dass ständig weiter optimiert wird und dennoch sagt er: „Kreativität um jeden Preis, das mag ich nicht". In seiner Philosophie bedeutet die Arbeit zwar viel, aber noch lange nicht alles: „Ein guter Koch muss auch ein Genussmensch sein", nicht nur beim Kochen. Mit seinem Rezept in diesem Buch möchte der Sterne-Koch Wege zu machbaren Gerichten für jedermann ebnen.

Forellenfilet
auf Kartoffelvinaigrette

Rezept für 4 Personen

Zutaten:

1/2 l Brühe oder Gemüsebrühe
1 hartgekochtes Ei in Würfel
Pfeffer
Salz
Prise Zucker
120 g blanchierte Kartoffelwürfel
1 EL Dijonsenf
ca. 20 Kapern
evtl. 2 EL feinste
blanchierte Gemüsewürfel
3 EL weißer Balsamico
eine Prise Zucker
Schnittlauch
Petersilie
Kerbel
Kräuter nach Geschmack
evtl. 3 cl Noilly Prat (franz. Wermut)
Olivenöl
Sonnenblumenöl
evtl. einige Tropfen Kürbiskernöl

1. Brühe erwärmen, Salz, Pfeffer, Zucker, Essig, Kapern, Öl zugeben und aufmixen. Die Kräuter und die restlichen Zutaten hinzufügen und nachschmecken.
Diese Vinaigrette begleitet gekochten und gebratenen Fisch wie Scholle, Schellfisch, Rostbarsch usw., aber auch gekochtes Fleisch wie Tafelspitz, Kalbstafelspitz, gekochte Ochsenbrust.

2. Den Fisch nach Belieben braten oder dämpfen. Auf Gemüse wie Spargel, jungem Spitzkohl, feinen Bohnen anrichten und mit der Vinaigrette großzügig überziehen oder ohne weitere Gemüse auf der Vinaigrette anrichten. Nochmals mit Kräutern überstreuen.

3. Als kleines Topping: Pro Person ca. 1 EL feinste Kartoffelwürfel (abgespült und abgetrocknet) in einer Pfanne in etwas Sonnenblumenöl rösten bis die Würfel braun und kross sind. Auf Küchenkrepp abtrocknen lassen. Über den gebratenen Fisch streuen.

St.-Paulus-Dom in Münster

André Skupin
schafft eine himmlische Atmosphäre

Gabriel sowie die raffinierte Lichtgestaltung mit Spiegeln und Lichtquellen verleihen dem Feinschmecker Restaurant eine besondere Atmosphäre. André Skupin hat seine Karriere in Münster begonnen und ist hierher – nach vielen Erfahrungen zwischen Baden Baden und Southampton – auch wieder zurückgekehrt. In Münster arbeitete er auf höchstem Niveau als Küchenchef im Hof zur Linde und im Schloss Wilkinghege, bis er schließlich 2008 die Küche im Restaurant Gabriel's im Kaiserhof übernahm. Hier kocht er umfangreiche gastronomische Kreationen. Der Gewölbe-Weinkeller rundet das kulinarische Angebot ab. Regelmäßig finden dort Weinproben statt. André Skupin inspirieren neben der klassisch westfälischen Küche aber auch internationale Einflüsse, zum Beispiel die französischen Kochtechniken, denn seit den Tagen seiner Ausbildung fühlt er sich vom Salat Nizza angezogen. Dieser Salat fasziniert ihn. „Früher bereitete man den Salat noch mit Dosenthunfisch und Kartoffeln vom Vortag zu", sagt er mit verschmitztem Lächeln. Das hat sich stark verändert. Es ist André Skupin eine Freude, diesen aus frischen, knackigen Zutaten zubereiteten Salat seinen Gästen mit einem Glas Weißwein zu servieren.

„Essen und Trinken wie im Himmel" verspricht der Chefkoch André Skupin. In stilvoller Atmosphäre und mit außergewöhnlicher Lichtdramaturgie kocht er im Restaurant Gabriel's im historischen Hotel Kaiserhof. Hier bietet er klassische Küche auf hohem Niveau. Die moderne Vielfalt à la carte umfasst Fisch, Fleisch und Vegetarisches. Der Engel Gabriel stand Pate bei der Namensgebung des Restaurants. Das Ambiente im Gourmettempel wird ergänzt durch Wolken, Himmel und Engel, die in verschiedenen Kunstformen ausgedrückt werden. Das einzigartige Mosaikbild des Erzengels

Salat „Nicoise"
mit gebratenen Thunfischsteaks

Rezept für 4 Personen

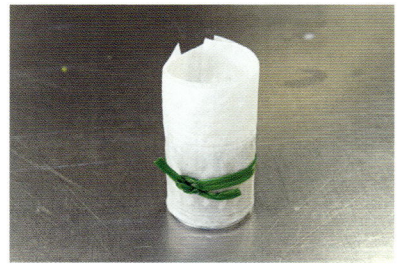

Zutaten:

Für den Salat:
1 Knoblauchzehe
6 Tomaten
1 Gurke
1 Schalotte
60 g schwarze ungefärbte Oliven
2 festkochende Kartoffeln
4 Kirschtomaten
6 Radieschen
100 g Keniabohnen
1 Zweig Rosmarin
1 Zweig Thymian
4 kleine Blätter Basilikum
etwas gemischten Blattsalat
250 g frisches Thunfischfilet
(Sushi oder Sashimiqualität)

Für die Marinade:
2 EL bestes Olivenöl kalt gepresst
1/2 EL Aceto Balsamico bianco
Schnittlauch
Zucker
Pfeffer
Salz

1. Die Tomaten abziehen und vierteln. Mit einem Teil der Kräuter sowie 3 Scheiben Knoblauch bei 80 °C für 6 Stunden im Ofen trocknen.

2. Die Bohnen in kräftig gesalzenem Wasser abkochen und in Eiswasser abschrecken. Pro Teller 3 Bohnen längs halbieren und mit der Schnittfläche nach oben auf einen Teller legen.

3. Die Kartoffeln in kleine Würfel schneiden und in Salzwasser garen. Die restlichen Bohnen, Gurken, Radieschen, Oliven und die Schalotte in feine Würfel schneiden und alle Zutaten miteinander vermischen, mit der Marinade abschmecken.

4. Die Salatmischung in eine Form drücken und die getrockneten Tomaten obenauf legen. Die Kirschtomate abziehen und ebenfalls marinieren.

5. Die Blattsalate putzen, waschen, marinieren und auf dem Teller anrichten.

6. Das Thunfischfilet in 4 gleich große Stücke schneiden und in etwas Olivenöl und den Kräutern in einer Pfanne von allen Seiten kurz anbraten. Danach längs halbieren und neben die Salate legen.

St. Josef Kirche in Münster-Kinderhaus

Lutz Holtmann
sorgt mit Passion für das Wohlergehen

Wer mit allen Sinnen genießen möchte, der ist im Restaurant Wienburg von Inhaber und Chefkoch Lutz Holtmann richtig, denn hier bietet man eine umfangreiche westfälische Speisekarte mit interessanten Kleinigkeiten bis hin zu ausgefeilten französischen Kreationen! Der gelernte Konditor und Hotelier rundete seine Ausbildung mit einer Kochlehre im elterlichen Betrieb ab und wurde 2009 zum „Maitre de Table" ernannt. 2010 zeichnete der Guide Bertelsmann sowie die Zeitung „Essen und Trinken" das Wienburg Team mit zwei Kochmützen aus. Lutz Holtmann ist die Persönlichkeit am

Herd und im Service, die mit viel Passion und Herzblut dafür sorgt, dass die Gäste sich wohl fühlen. Verwendet wird nur Fleisch von Westfälischen Bauernhöfen und daher kann für qualitativ hochwertige Speisen garantiert werden. „Auch die siebte Generation steht mit meiner Tochter Tanja, gelernte Hotelfachfrau, bereits in den Startlöchern", freut sich der Hausherr. Die Familie Holtmann kann in der Wienburg stolz auf eine über 185-jährige Familientradition zurückblicken. Bereits den Mitgliedern des münsterschen Promeniervereins, die im 19. Jahrhundert wöchentlich die Wienburg besuchten, mundeten die Speisen hier.

Eine weitere besondere Note verdankt die Wienburg seinem Bauherren – dem deutschen Hofbaumeister des Barock Johann Conrad Schlaun. Ihm verdanken die Münsteraner ihr besonderes Stadtbild und einige ihrer schönsten Bauten. So findet man im Festsaal die als „Westfälische Sinfonie" bezeichnete Bauweise mit Sandsteinquadern, kombiniert mit roten Klinkern und mehrfach unterteilten Fenstern. Im Sommer verwöhnt Lutz Holtmann die Gäste im Biergarten im Schatten der Kastanienbäume. Dazu passt das hier vorgestellte Fischrezept, zu dem in der Wienburg ein Wein aus eigenem Anbau empfohlen wird.

Königskoralle
mit Garnelenschwänzen und Kartoffeln

Rezept für 4 Personen

Zutaten:
4 Filets von der Koralle
Mehl
1 Fenchel
4 Chilischoten
Fischgewürz
Salz
Pfeffer
1 Bund glatte Petersilie
12 Garnelenschwänze
2 Mandarinen
6 mittlere Kartoffeln

1. Die gewaschenen Chilischoten klein hacken und den Fenchel zuerst halbieren, den Strunk heraus schneiden und in Streifen schneiden.

2. Als nächstes werden die Kartoffeln gründlich geschält und in heißem Wasser gekocht.

3. Die Garnelenschwänze schälen, einschneiden und mit Salz und Pfeffer würzen.

4. Das Fischfilet wird nun mit dem Fischgewürz gewürzt und anschließend mehliert.

5. Die Garnelen werden zusammen mit dem Fischfilet in einer Pfanne für ca. 2 Minuten von beiden Seiten gebraten.

6. Den kleingeschnittenen Fenchel in einer Pfanne mit Olivenöl für ca. 5 Minuten garen. Die ebenfalls kleingeschnittenen Chilischoten und die Mandarinenstücke werden nun nach und nach hinzu gegeben.

7. Das Gemüse wird mit Salz, etwas Zucker und Pfeffer gewürzt. Außerdem wird das Gemüse mit ca. 2 cl Anisschnaps flambiert.

8. Achten Sie beim Flambieren bitte darauf, dass die Abzugshaube auf die volle Leistung eingestellt ist.

9. Zum Schluss wird das fertige Gericht mit etwas glatter Petersilie auf einem Teller angerichtet.

Kolvenburg in Billerbeck

Augustinus Niehoff
Von den Arabischen Emiraten zurück in die Baumberge

Die westfälischen Wurzeln hat er nie vergessen und sie haben ihn nach Billerbeck zurückgeholt, wo er jetzt in dem über die Grenzen des Münsterlands hinaus bekannten Familienunternehmen die Küchenbrigade leitet. Oben am Hang, mit Blick auf den Erholungsort Billerbeck und umgeben von einem parkähnlichen Garten, wird die Tradition schon in vierter Generation gelebt und alles getan, um die Gäste des Hauses auf das Beste zu verwöhnen. Ob bei Kaffee und Kuchen auf der schönen Sonnenterrasse oder beim festlichen Dinner in elegantem Ambiente, hier ist alles möglich.

Der Zander (auch Hechtbarsch und Fogasch genannt), der hier von Augustinus Niehoff zubereitet wird, gehört zur Familie der Barsche. Fogasch bedeutet auf Ungarisch „Zahn". Er ist der größte im Süßwasser lebende barschartige Fisch. Eine gute Zeit, um Zander zuzubereiten ist der Mai oder Juni, denn da kann man den Fisch gut auf Märkten oder bei Fischhändlern bekommen. Er ist ein wichtiger und wertvoller Speisefisch mit besonders festem, weißem Fleisch und grätenfreien Filets. Das hier vorgestellte Gericht von Augustinus Niehoff ist ein exquisites Beispiel für seine Zubereitung.

In der waldreichen Hügellandschaft der Baumberge liegt idyllisch das Hotel Restaurant Weissenburg. Hier kocht Augustinus Niehoff im elterlichen Betrieb, in den er nach vielen Stationen seiner Karriere zurückgekehrt ist. Begonnen hatte alles mit einer Ausbildung zum Koch unweit seiner Heimat im Mövenpick zu Münster. Von hier aus ging es dann in die Baumberge bei Nottuln zu Wolfgang Theodor Niehoff in die Steverburg. Doch dann zog es den jungen Koch in die Ferne, nach Australien und in die Arabischen Emirate, wo er für Staatsgäste sein Können unter Beweis stellte.

Gebratenes Zanderfilet

auf Gurken-Dill-Rahm mit Blattspinat und Butterkartoffeln

Rezept für 4 Personen

Zutaten:

4 Zanderfilets (ca. 180 g pro Filet)

Butterschmalz

Mehl

240 g Crème fraîche

500 g Sahne

120 g Milch

Schalottenwürfel

1 Salatgurke

1 Bund Dill

Weißwein

500 g Blattspinat blanchiert

Muskatnuss

Knoblauchöl

ca. 500 g kleine, feste Kartoffeln

etwas Butter

Salz

Pfeffer

Zucker

Zitrone

1. Zuerst die Kartoffeln gründlich schälen und in Salzwasser kochen.

2. Das Zanderfilet in zwei Stücke teilen, salzen, pfeffern und mit Zitrone beträufeln. Dann in Mehl wenden, abklopfen und in heißem Butterschmalz auf der Hautseite kurz kross von beiden Seiten anbraten. Den Fisch vom Herd nehmen und in einer warmen Pfanne durchziehen lassen, bis er gar ist.

3. Die Gurke schälen, längs halbieren, entkernen und in ca. 3 mm dicke Streifen schneiden. Im Stieltopf Butterschmalz erhitzen, Schalottenwürfel anschwitzen, Gurken hinzugeben und mitschwenken. Jetzt alles mit Weißwein ablöschen. Crème fraîche, Sahne und Milch hinzufügen, einkochen lassen. Anschließend mit Salz, Zucker und Pfeffer abschmecken. Geschnittenen Dill hinzugeben.

4. Butterschmalz erhitzen, Schalottenwürfel darin anschwitzen. Blattspinat hinzufügen und mit Salz, Pfeffer, Muskatnuss und Knoblauchöl abschmecken. Das Gemüse ca. 5 Minuten schmoren lassen.

5. Die gekochten Kartoffeln in zerlassener Butter und geschnittenem Dill schwenken. Zum Schluss das Gericht anrichten.

„Der Packenträger", Skulptur in Neuenkirchen

Alfons Lorenbeck
Ganz schön westfälisch!

Alfons und Margret Lorenbeck erfinden ihre altdeutsche Gaststätte Lorenbeck stetig neu. 1979 übernahmen sie die Traditionsgaststätte von den Eltern und Gründern. Damals wie heute versteht sich ihre Küche mit Töttchen und Stielmus, hausgemachter Sülze im Weckglas, dicken Bohnen oder Spanferkelhaxe auf Schmorkohl als „Antwort zur Nouvelle Cuisine". „Bei mir muss Essen in erster Linie schmecken und nicht den Anspruch erheben, Kunst zu sein", sagt er. In jedem Fall ist bei Lorenbecks jeder herzlich willkommen, der etwas Zeit mitbringt und ein genussvolles Essen schätzt. Und seine

Gäste kommen aus der gesamten Umgebung. Gekocht wird nur, was die Saison herbringt. Schollen im Mai, Spargel im Frühsommer, zarte Gänse ab St. Martin im November. Köstliches wird dann aus den feinen Produkten, die Alfons Lorenbeck mit hohem Anspruch bei den Höfen der Umgebung und Lieferanten seiner Wahl einkauft. Und die gibt es dann, wenn sich der experimentierfreudige Koch die weiße Schürze umbindet und sich etwas Neues als Spezialität der Saison einfallen lässt. An den blank gescheuerten Tischen schmecken die Bratkartoffeln mit Spiegeleiern ebenso gut wie das Matjesfilet im Pumpernickelmantel.

Die ausgefallenen Menüs, die der Meisterkoch und IHK-Prüfer seinen anspruchsvollen Gästen serviert, werden in gemütlich westfälischer Atmosphäre aufgetischt. Wer einfach das Bedürfnis hat zu „klönen", ist an der Theke bei frisch Gezapftem richtig. „Alfons ist ein kreativer Wirbelsturm, dem absolut nichts zu viel ist, um den Geschmack einer Sauce noch runder, den eines Gerichtes noch harmonischer zu machen. Seine größte Freude und gleichzeitig sein größter Lohn sind zufriedene Gäste", sagt Margret Lorenbeck über ihren Mann.

Gebackenes Matjesfilet
im Pumpernickelmantel auf Kartoffelsalat

Rezept für 4 Personen

Zutaten:

8 Matjesfilets
150 g Paniermehl
2 Scheiben Pumpernickel
etwas Mehl
2 Eier
500 g mittelgroße Kartoffeln
1 Bund Schnittlauch
80 g Zwiebeln
50 g durchwachsener Speck
0,05 l Rapsöl für das Dressing
0,05 l Rapsöl zum Braten
etwas Zitrone
Kräuterdressing
Salz
Pfeffer aus der Mühle
Zucker

1. Kartoffeln mit der Schale kochen, etwas abkühlen lassen, aber noch lauwarm pellen und in Scheiben schneiden.

2. Rapsöl in eine Pfanne geben, erhitzen, die Zwiebeln und den Speck dazugeben und leicht anrösten (ohne dass sie Farbe annehmen). Mit Salz, Pfeffer, Kräuteressig und wenig Zitrone sowie Zucker abschmecken und über die Kartoffeln geben. Den Kartoffelsalat durchziehen lassen und abschmecken.

3. Den Pumpernickel ganz fein zerbröseln und unter das Paniermehl mischen. Den Matjes abtupfen (nicht würzen), im Mehl wenden, durch die aufgeschlagenen Eier ziehen. Dann in der zubereiteten Panade panieren, fest andrücken.

4. Das Rapsöl in der Pfanne stark erhitzen, den Matjes einlegen und nur ganz kurz von beiden Seiten braten. Der Matjes soll außen knusprig, innen aber nur lauwarm sein. Unter den fertigen Kartoffelsalat den fein geschnittenen Schnittlauch ziehen.

Auf einem Teller Kartoffelsalat anrichten und den Matjes darauflegen.

Haus Havixbeck

Christian Overwaul
Westfälische Gastlichkeit mit Tradition und Flair

Münsterland sagt „Pättkesfahrer", die Radausflügler – bietet Christian Overwaul nachmittags feine, selbstgebackene Torten und Kuchen aus eigener Patisserie an. Nicht minder bekannt ist er für die deftigen, westfälischen Brotzeiten mit Wurst- und Schinkenleckereien aus eigener Schlachtung. „Generell verwende ich am liebsten heimische Produkte aus der Region", sagt Overwaul über seine Zutaten. Denn ihm ist es wichtig, den Gästen nur Bestes auf den Teller zu zaubern. Und damit ist das Landgasthaus zum Geheimtipp im Münsterland geworden.

Auch wer von einer traditionell westfälischen Hochzeit auf dem Lande träumt, mit einer Kutsche, vielen Rosen und Buxbaumgirlande, der ist im Gasthaus Overwaul genau richtig. Auf Annette von Droste-Hülshoffs Spuren im Standesamt der nahegelegenen Burg Hülshoff kann man sich trauen lassen und sich danach im romantischen Rosensaal herrlich vom Küchenmeister Christian Overwaul verwöhnen lassen. Wenn der gemütliche Kamin im Haus seine Geschichte zum Besten geben könnte, wer würde sich nicht gerne in einem großen Sessel die spannendsten Abenteuer der letzten 250 Jahre erzählen lassen…

Seit 1765 befindet sich das Landgasthaus Overwaul, ein schmuckes, altes Bauernhaus, zwischen Münster-Roxel und den Havixbecker Baumbergen im Familienbesitz. Chefkoch Christian Overwaul, der auf der MS Europa, der La Redoute in Bad Godesberg und im Bayerischen Hof in München sein Handwerk lernte und verfeinerte, bereitet hier raffinierte Eigenkompositionen und auch einfallsreiche internationale Klassiker sowie regionale Spezialitäten zu. Die gehobene ländliche Küche wird durch ein kreatives Angebot an Buffetvariationen abgerundet. Aber auch für die zahlreichen – wie man im

Mediterraner Edelfischteller

Rezept für 4 Personen

Zutaten:

120 g Zwiebeln
120 g Champignons
120 g Tomaten
120 g Muscheln
120 g Tintenfisch
240 g Lachsfilet
240 g Zanderfilet
240 g Red Snapper Filet
4 Hummerkrabben
1 Zweig Rosmarin
1 Zweig Thymian
1 Zehe Knoblauch
Salz
Pfeffer aus der Mühle
Dill
Tymian

1. Zwiebeln schälen und in Ringe schneiden. In einer großen Pfanne Zwiebeln, Champignons und Tomaten andünsten.

2. In der Zwischenzeit den Tintenfisch in kleine, etwa 1 cm breite Ringe scheiden. Das Lachsfilet, das Zanderfilet und den Red Snapper waschen und nach Gräten abtasten. Gegebenenfalls noch vorhandene Gräten mit einer Pinzette entfernen. Danach den vorbereiteten Fisch, die Hummerkrabbe und die Muscheln in die Pfanne zu den Zwiebeln, Tomaten und Champinions geben.

3. Die Fischpfanne mit einem Zweig Rosmarin, einem Zweig Thymian, einer Zehe Knoblauch und einer Prise Salz und Pfeffer würzen. Die Fischfilets nun von beiden Seiten ca. 6 Minuten bei sehr hoher Temperatur weiter braten. Anschließend noch mal abschmecken.

4. Vor dem Servieren die Filets in gleich große Stücke pro Person einteilen. Eine Porzellanplatte im Backofen bei 200 °C vorwärmen und darauf anrichten. Eventuell mit Gemüse (z. B. Kartoffeln, Zucchini, Brokkoli) ergänzen. Zum Garnieren ein wenig Dill und Thymian über das Filet legen.

St. Ludgerus Kirche in Elte

Markus Wältring
in der vierten Generation in Elte bei Rheine

Seit 1987 kocht Markus Wältring im Restaurant des Gasthauses Zum Splenterkotten. Er verkörpert somit die 4. Generation in Folge. Sein Weg an den heimischen Herd führte ihn über eine Ausbildung im Restaurant Deutscher Vater in Münster-Handorf sowie Stationen in Aachen, Restaurant Gala Gerhard Gartner und in Lippstadt, Restaurant Drei Kronen. Das Kochen ist ihm einfach in die Wiege gelegt worden, sagt er heute von sich selbst. Westfälische Gastlichkeit und ursprüngliche Gemütlichkeit haben hier einen Namen: das Gasthaus Splenterkotten in Elte bei Rheine. Das stilvolle,

altdeutsche Fachwerkhaus in der Dorfmitte am Elter Mühlenbach gelegen, blickt auf eine mehr als 300-jährige Tradition als Wirtshaus zurück. Nach wechselvoller Geschichte ging es 1917 in den Besitz der Familie Wältring über, die den Splenterkotten zu seiner heutigen Blüte führte. Seit 1996 ist Küchenchef Markus Wältring verantwortlich für die bodenständige Küche, in der regionale Rezepte und Produkte mit kreativer Inspiration zu besonderen Geschmackserlebnissen werden. Der neu gestaltete Festsaal rundet neben dem Biergarten und der schönen Terrasse das Wohlfühlkonzept des Traditionshauses ab. Besonderes

Highlight ist die urgemütliche Upkammer, die vor einigen hundert Jahren die Schlafkammer und später dann eine Bühne für Laienschauspieler war, bevor sie zum Gastraum wurde. Neben hausgemachten Wurstspezialitäten wird hier auch das für das Münsterland typische Kalbstöttchen serviert. Leckermäuler freuen sich über die täglich frisch gebackenen, hausgemachten Kuchen.

Das von Markus Wältring vorgestellte Rezept ist eine spannende Geschmackskomposition, die man unbedingt ausprobieren sollte.

Zanderfilet auf Sauerkraut
mit Salzkartoffeln

Rezept für 4 Personen

Zutaten:

720 g Sauerkraut

20 g Schweineschmalz

40 g Zwiebeln

40 g durchwachsener Speck

150 ml Brühe

400 ml Sahne

etwas Weißwein

Prise Zucker

Salz

gemahlener Pfeffer

Gewürzbeutel mit 1 Lorbeerblatt,
4 Nelken, 4 Wacholderbeeren
und 4 Pimentbeeren

etwas Stärke

1 kg frisches Zanderfilet

etwas Zitrone

12 mittelgroße Kartoffeln

60 g Butter

1. Zunächst Speck und Zwiebeln fein würfeln und in dem Schmalz glasig andünsten. Anschließend das Sauerkraut zugeben, mit dem Weißwein ablöschen und mit der Brühe auffüllen.

2. Den Gewürzbeutel hinzugeben und zugedeckt etwa 40 Minuten köcheln lassen. Anschließend den Gewürzbeutel wieder entnehmen. Den Fond mit der Stärke binden und mit Salz, Pfeffer und etwas Zucker abschmecken. Danach die Sahne hinzugeben.

3. Den Zander nach Wunsch von der Haut befreien (die Haut vom Zander ist so zart, dass man sie mitessen kann). Die Gräten entfernen. Danach wird der Fisch mit Salz und etwas Zitrone gewürzt. Nun muss er über dem Wasserdampf, je nach Stärke des Fisches, ca. 3–5 Minuten garen.

4. Die Kartoffeln müssen geschält werden und anschließend mit Salz ca. 20 Minuten kochen. Nun müssen sie nur noch abgegossen und in Butter geschwenkt werden.

Desserts

Das Venner Moor bei Senden

Britta Hohmann
Torten einfach zum Verlieben!

Im bekannten Café Grotemeyer in Münster begann die Karriere von Britta Hohmann. Von hier aus führte ihr Weg weiter über bekannte Adressen, wie Café Classique und Bäckerei Wiemeller in Münster, bis sie auf einem der schönsten Höfe des Münsterlands landete, dem Hof Grothues-Potthoff. Hier backt sie im fein eingerichteten Hofcafé traumhafte Torten und andere Spezialitäten des Konditorenhandwerks und zeigt somit die süßen und raffinierten Seiten des Münsterlandes auf. Ganz besonders fasziniert ist Britta Hohmann davon, dass sie für Ihre Konditorei die allerbesten und

frischesten Produkte aus dem Hofanbau verwenden kann, denn in ihrer Arbeit sieht Britta Hohmann ihre Berufung. Die Kreativität bei der Komposition Ihrer Torten liebt sie ganz besonders und legt höchste Maßstäbe an. Und genau diese Kombination von Qualität und Erfindungsreichtum kennzeichnen ihre Tortenideen, die im Sommer auf der Hofterrasse im Sonnenschein genossen werden können.

Seit 800 Jahren befindet sich der Hof Grothues-Potthoff in Familienbesitz und wird auch heute, bereits in der 14. bekannten Generation, sehr innovativ geleitet. Familie Grothues-Potthoff verbindet neueste Erkenntnisse mit den Erfahrungen und dem Wissen der langen Tradition. „Die verantwortungsvolle Weiterverarbeitung und Veredelung unserer Früchte machen die Erzeugnisse zu erlesenen Produkten". Und diese Qualität spiegelt sich auch in der hofeigenen Küche wider. Die hier von der künftigen Konditormeisterin Britta Hohmann vorgestellte Torte ist eine ganz besondere Spezialität im Hofcafé und war im Juli die „Torte des Monats"! Britta Hohmann wünscht Ihnen viel Freude beim Nachbacken.

Himbeer-Weincreme
mit Mandelbaiserfächer

Zutaten:

Für die Himbeer Weincreme:

250 g frische Himbeeren
50 ml Himbeergeist
500 ml Weißwein
50 g Cremepulver
800 g aufgeschlagene Sahne
200 g Zucker
9 Blatt Gelatine
Pistaziengrieß

Für den Mandelbaiser:

3 Eiweiß
100 g Puderzucker
90 g Mandelgrieß
20 g Mehl
1 Prise Salz

ein Wienerboden
(in drei Schichten geteilt)

1. Gelatine einweichen. 400 ml Weißwein mit dem Zucker zum Kochen bringen. Den restlichen Weißwein mit dem Cremepulver vermischen und die Creme abbinden. Die ausgedrückte Gelatine zu der heißen Creme geben und durchrühren. Abkühlen lassen. Unter die abgekühlte Creme 650 g geschlagene Sahne heben.

2. Für den Mandelbaiserboden Eiweiß, Puderzucker und eine Prise Salz steif schlagen. Mandelgrieß und Mehl vermischen und unterheben. Die Masse in einer Springform glattstreichen und bei 180 °C ca. 25 Minuten abbacken. Abkühlen lassen, einteilen und schneiden.

3. Eine Schicht Wienerboden in eine Springform geben, die Himbeeren in der Mitte verteilen und mit dem Himbeergeist tränken. Die Creme darauf verteilen und glattstreichen. In der Kühlung fest werden lassen.

4. Die Torte aus dem Ring lösen, mit der restlichen Sahne einstreichen und ausgarnieren. Den Mandelbaiserboden in Fächern darauf verteilen. Eventuell mit zusätzlichen Himbeeren, Pistazien dekorieren und mit ein wenig Puderzucker abstauben.

Kirchstraße in Emsdetten mit Blick auf die Pankratius Kirche

Udo Hankh

Nichts ist so spannend wie Kochen

Magen-Gericht gefragt wird, geht nichts über die Rouladen von der Oma. Noch heute werden die Rouladen auf der Speisekarte im Lindenhof mit viel Liebe und nach dem traditionellen Rezept zubereitet, unter dem Motto: „Auch eine Rindsroulade kann 3 Sterne sein". Die Sache mit dem „immer schon Koch werden wollen" trifft bei Udo Hankh gar nicht zu, denn seine Karriere in der Gastronomie startete er hinter der Theke im elterlichen Betrieb Hotel Lindenhof. Ziemlich schnell stellte er jedoch fest, dass ein Leben als Hotelfachmann nicht die Spannung erzeugt, die für ihn so wichtig ist. Er hätte auch ein Architekturstudium anstreben

können. Zum Glück blieb er den Gästen des Lindenhofs erhalten. Das Wichtigste beim Kochen ist seiner Meinung nach die Kreativität und solides Handwerk. Es kommt weniger darauf an, dass man irgendwelche exklusiven Produkte verarbeitet, sondern vielmehr darauf, was man aus gerade vorhandenen Lebensmitteln mit Liebe, Spaß und guten Ideen zaubern kann. Aus dem „Einfachsten" etwas Besonderes machen, das ist die große Herausforderung, der sich Udo Hankh täglich stellt.

Mit ungemein viel Freude und Kreativität steht Udo Hankh in der Küche, ist 1974 geboren und als waschechtes Gastronomiekind aufgewachsen. Schon damals besuchte er lieber zusammen mit seinem Vater und seiner Großmutter den Großmarkt, als in den Kindergarten bzw. in die Schule zu gehen. Bevor er die anspruchsvollen und vielseitigen Aufgaben im elterlichen Betrieb in Emsdetten in Angriff nahm, durchlief er eine harte, aber für ihn wertvolle Schule bei Gourmetköchen wie Joachim Wissler, Heinz Winkler oder Karlheinz Hauser. Wenn Udo Hankh nach seinem Leib- und

Erdbeer-Basilikumparfait

mit Champagnersüppchen & Joghurtschaum

Rezept für 4 Personen

Zutaten:

Für das Parfait:
100 g Erdbeerpüree
1 Eiklar
60 g Zucker
200 g geschlagene Sahne
1 EL geschnittenes Basilikum

Für das Champagnersüppchen:
375 ml Champagner
125 g Zucker
125 ml Wasser
Saft von 1 Zitrone und 1 Orange
3 Blatt Gelatine auf 1/2 l Flüssigkeit

Für den Joghurtschaum:
80 g Joghurt
20 g Zucker
100 g Milch
etwas Zitronensaft

350 g Erdbeeren
50 g Erdbeerpüree
etwas Zucker
2 EL alter Balsamico
2 Zweige Minze

1. Eiklar und Zucker zu Eischnee schlagen. Basilikum und Erdbeerpüree mischen, dann die Sahne dazugeben. Zum Schluss den Eischnee vorsichtig unterheben. Die Parfaitmasse in entsprechende Förmchen abfüllen und mindestens für 3 Stunden in den Tiefkühlschrank stellen.

2. Gelatine in kaltem Wasser einweichen. Die restlichen Zutaten der Champagnersuppe miteinander aufkochen, Gelatine zugeben und passieren. Suppe kaltstellen.

3. Für den Joghurtschaum alle Zutaten miteinander aufmixen.

4. Erdbeeren waschen, putzen und klein schneiden. Mit dem Püree, Zucker und etwas fein geschnittener Minze marinieren.

5. Die einzelnen Komponenten auf dem Teller anrichten, Joghurtschaum aufmixen, vorsichtig oben abschöpfen und dekorativ verteilen, mit Minze und altem Balsamico garnieren.

Gut Kinderhaus in Münster

Siegfried Kirsch
Süß macht nicht dick, süß macht glücklich!

Siegfried Kirsch ist in Münster geboren und arbeitet schon seit den Anfängen 2003 in der Bäckerei der MDS GmbH, einer Tochterfirma der Westfalenfleiß GmbH. Hier bekam er die Chance, sich in seinem Wunschberuf „Konditor" zu verwirklichen. Nach einer Ausbildung zum Automechaniker fing er über den zweiten Bildungsweg ein Studium im Fachbereich Grafikdesign in Münster an. Krankheitsbedingt kam er dann 1998 in die Werkstatt für Menschen mit Behinderungen und dort begann er seine eigene Erfolgsstory. 2003 wechselte er in die hauseigene

Bäckerei, wo er unter Leitung der Konditormeisterin Denise Eggert traumhafte Torten zaubert.

Das mitten im Grünen gelegene Gut Kinderhaus ist ein beliebtes Ausflugsziel für die ganze Familie und von der Stadt aus bequem per Rad oder Inliner zu erreichen. Im Frühjahr lockt der Hofladen mit frischen Erdbeeren vom Feld, im Herbst findet das große Erntedankfest statt. Im Sommer ist es neben Café und großem Biergarten vor allem die schöne Lage am grünen Rand der Stadt, die die Münsteraner magisch anzieht. Siegfried Kirschs selbstgebackene Kuchen und weitere Köstlichkeiten sorgen hier für das leibliche Wohl. Was

vor sechs Jahren als Café mit Hofladen begann, hat sich zu einem expansiven und sehr erfolgreichen Dienstleistungsunternehmen entwickelt. Catering, Schulverpflegung, Radstationen und Gastronomie, das sind heute die Geschäftsfelder.

„Süß macht nicht dick, süß macht glücklich!" ist die Devise von Siegfried Kirsch. Von Torten über Butterkuchen bis hin zur Obstschnitte, fast alles stammt bei ihm aus den gutseigenen Plantagen. Die hier vorgestellte Torte ist eine ganz besondere Spezialität auf Gut Kinderhaus.

Flockensahnetorte
mit Aprikosen- und Preiselbeermarmelade

Zutaten:

1 Mürbteigboden

Für den Brandteig:

150 ml Wasser

150 ml Milch

100 g Erdnussfett

Salz

190 g Mehl

5–6 Eier

Für die Füllung:

200 ml Milch

80 g Zucker

Vanillearoma

2 Eier

12 g Speisenstärke

5 Blatt Gelatine

560 g geschlagene Sahne

ca. 2 EL Aprikosenmarmelade

250 g Preiselbeermarmelade

1. Erdnussfett mit Milch, Wasser und Salz aufkochen. Mehl hinzugeben und abrösten. Brandmasse mit Folie abdecken.

2. Eier unter die Brandmasse rühren. Anschließend vier runde Böden aufstreichen.

3. Die Böden bei 220 °C für 20 Minuten backen und im Anschluss ausstechen, die Reste zerbröseln.

4. Mürbteigboden mit Aprikosenmarmelade bestreichen und Tortenring aufsetzen. Brandmasseboden auflegen und mit Preiselbeermarmelade bestreichen.

5. In einer Schüssel Eier, Speisestärke und 40 ml Milch verrühren. Im Topf 160 ml Milch, Zucker und Vanille aufkochen, anschließend unter die Milch rühren, abkochen und abkühlen.

6. Gelatine unter den Pudding rühren und geschlagene Sahne unterheben.

7. Sahne auf den Boden geben und verstreichen. Weiteren Boden auflegen und andrücken. Boden abwechselnd mit Preiselbeeren und Sahne bestreichen. Zum Schluss die Torte mit einem Boden abdecken und dann mindestens 3 Stunden kalt stellen.

8. Torte mit Sahne einstreichen und mit Randbröseln umhüllen.

Skulptur von Giorgio Zennara „Forma in Mutazione" in Münster-Kinderhaus

Benno Heuer
Wenn ein Dessert zum Geschmackserlebnis wird

umfangreiche Weiterbildung. Dazu gehörte auch die Erlangung der Ausbildereignung, umfangreiche Schulungen im Bereich Hygiene- und Qualitäts-Management, mediterrane Küche und diverse andere Kochthemen folgten. Im Jahr 2006 übernahm Benno Heuer die Leitung des Bereiches Großküche im Betriebsrestaurant der Provinzialversicherung in Münster.

Die Erdnussbuttermousse an Erdbeer-Carpaccio ist als Dessert sein Favorit. „Das kräftige Nussaroma passt wunderbar zu den leicht scharfen Erdbeeren. In der Kombination bekommt man ein wunderbares Geschmackserlebnis", so schwärmt er über die Nachspeise.

„Erdbeeren werden oft mit Mousse au Chocolat, Bayrisch-Creme oder auch Mascarpone angeboten. Aber wer die Erdbeeren einmal mit Nuss kombiniert, wird merken, dass diese Kombination eine spannende Alternative ist". Carpaccio hat einen berühmten venezianischen Maler als Namensgeber – Vittore Carpaccio, dem 1950 eine große Ausstellung in Venedig gewidmet war. Mittlerweile wird der Begriff Carpaccio auch als Synonym für die Zubereitung von Speisen, die aus sehr dünn geschnittenen und evt. marinierten Zutaten bestehen, verwendet, so z. B. auch Fisch, Wild, Gemüse und Obst.

Direkt nach Abschluss der Ausbildung im Hotel Determann in Nordhorn war Benno Heuer 6 Monate im Restaurant Borggreve in Nordhorn tätig. Dort hat er hauptsächlich Erfahrungen im Bankettbereich sammeln können. Um auch die gehobene Küche kennenzulernen, wechselte er 1980 in das Spezialitätenrestaurant Krummer Balken in Nordhorn. Um sich dann beruflich zu verändern, wechselte er 1983 in das Steakhaus Lengerich. Im Frühjahr 1986 kam erneut ein Wechsel zur Westfälischen Provinzial Versicherung. Die Provinzial Versicherung ermöglichte ihm in den vergangenen Jahren eine

Erdnussbuttermousse
an Erdbeercarpaccio mit Minze

Rezept für 4 Personen

Zutaten:
2 Eigelbe
1 Vollei
70 g Zucker
90 g Erdnussbutter
3 Blatt Gelatine
40 ml Amaretto
250 ml Schlagsahne
500 g Erdbeeren
100 ml Orangensaft
100 g Honig
4 g frischer Ingwer
sehr fein gehackte Minze

1. Eier mit Zucker auf dem heißen Wasserbad schaumig schlagen. Erdnussbutter über dem Wasserbad schmelzen. Sahne schlagen und Gelatine einweichen.

2. Die geschmolzene Erdnussbutter in die Eiermasse einrühren. Dann die eingeweichte Gelatine in dem er-wärmten Amaretto auflösen und in die Eier-Erdnussbuttermasse einrühren. Die Masse vom Wasserbad nehmen und abkühlen lassen. Wenn sie be-ginnt fest zu werden, die geschlagene Sahne unterheben. Die Masse in Förmchen abfüllen.

3. Den Orangensaft zusammen mit dem Honig und dem sehr fein ge-würfelten Ingwer aufkochen, um 1/3 einkochen und danach abkühlen lassen.

4. Die Erdbeeren in dünne Scheiben schneiden und auf einem Teller anrich-ten. Jetzt mit der Honig-Orangensaft-marinade vorsichtig beträufeln. Die Mousse aus den Förmchen lösen und auf dem Teller anrichten. Mit Minze, Sahne, Obst usw. garnieren.

Montgolfiade am Aasee in Münster

Philipp Conrads
Die Leichtigkeit des Mohns hat es ihm angetan

Im Herzen von Münster, direkt am Aasee und in der Nähe der Universität, kocht Philipp Conrads. Der junge Küchenchef bietet hier anspruchsvolle Gastronomie in angenehmer und zugleich moderner Atmosphäre an. Sein Interesse für die Küche entdeckte er während des Zivildienstes, den er in einem Stift in Münster leistete. Eine Ausbildung zum Koch folgte im GOP Varieté unter Anno Brandt. Das Relax in Münster bot ihm dann die große Chance, seinen eigenen Stil als Küchenchef entwickeln zu können. Sein Angebot reicht vom kleinen spanisch angehauchten Tapas Snack über italienische Spezialitäten bis hin zu

raffinierten internationalen Gerichten. Das Repertoire zeigt, dass sich hier am Aasee eine neue anspruchsvolle Szene entwickelt hat. In moderner Atmosphäre mit schönem Blick von der großzügigen Terrasse kann man hier im wahrsten Sinne herrlich relaxen. Und das Relax macht seinem Namen alle Ehre, denn Philipp Conrads begleitet diesen Kurzurlaub kulinarisch aufs Beste.

Das hier vorgestellte Mohnmousse Rezept hat er aus seiner Kindheit mitgenommen. Damals allerdings bereitete seine Mutter es für ihn mit Himbeersirup zu. Diese Nachspeise wird gerne in Gourmetküchen angeboten, da sie leicht und festlich zugleich ist.

Die Hauptkomponente des Rezeptes – der Mohn – hat eine lange Geschichte und findet vielseitige Anwendung. In der Antike verwendeten römische Sportler Mohn, um schnell Energie zu gewinnen. Laut dem griechischen Dichter Theokrit soll der Mohn aus den Tränen der Aphrodite gewachsen sein, als sie um Adonis trauerte. Dank dieses Mythos wird dem Mohn eine aphrodisierende Wirkung zugesprochen. Heute findet er in Kuchen, Gebäck, Soßen oder als Gewürz zu Nudeln und Reis seine Verwendung und ist so ein fester Bestandteil der Esskultur.

Mohnmousse
mit Portweinbeeren

Rezept für 4 Personen

Zutaten:
140 g weiße Schokolade
1 Ei
4 EL Orangenlikör
1 Blatt Gelatine
300 g Sahne
400 g frische Beeren
(z. B. Himbeeren, Brombeeren)
100 ml roter Portwein
4 EL Zucker
2 EL Mohn

1. Die Schokolade grob würfeln und in einer Schüssel auf einem Wasserbad unter Rühren schmelzen lassen.

2. Das Ei mit 2 EL Wasser in einer weiteren Schüssel auf einem Wasserbad cremig schlagen.

3. 2 Blatt eingeweichte, ausgedrückte Gelatine im warmen Orangenlikör auflösen. Zusammen mit 140 g geschmolzener Schokolade unter die Eiercreme rühren.

4. Sahne steif schlagen und unter die Masse heben. Anschließend Mohn unterrühren. Die Masse in eine Form füllen und zugedeckt 4–5 Stunden in den Kühlschrank stellen.

5. Die Beeren gründlich säubern. Den Rotwein mit Zucker einkochen und dann die Beeren vorsichtig unterheben.

Das Lüdinghauser Tor in Dülmen

Ulrike Brockmann
träumt nachts von ihren Torten

Voraussicht überredete ein benachbarter Bauunternehmer 1964 den Großvater Knepper, anstelle der geplanten Stallungen doch das Restaurant um einen Gesellschaftsraum zu erweitern. Auf der Karte standen zunächst einfache, westfälische Speisen. Heute genießen die Gäste neben den traditionellen Gerichten viele saisonale Köstlichkeiten. In der dritten Generation ist aus dem kleinen Restaurant ein ansehnlicher Betrieb mit 30 festangestellten Mitarbeitern geworden. Die aufwändig gestalteten Räume beeindrucken unter anderem durch Tiroler Tischlerkunst und vermitteln eine behagliche Gemütlichkeit.

Das große Anwesen mit Hirschgehege, Kneipptretanlage und gepflegtem Garten liegt direkt am Anna-Katharina-Emmerick-Weg, der zwischen Coesfeld und Dülmen auf 25 Kilometer Länge einige Stationen der seliggesprochenen Nonne verbindet und zu einem Spaziergang einlädt. Die gebackene Charlotte, die hier von Frau Brockmann vorgestellt wird, gilt in ihrem Ursprungsland England als Variante eines Puddings. Namensgeberin der gebackenen Charlotte war angeblich die Frau des englischen Königs Georg III., Sophie Charlotte von Mecklenburg-Strelitz.

„Die große Kunst ist, die Dinge mit Leidenschaft zu tun", so das Motto von Frau Brockmann und mit dieser Hingabe backt sie die herrlichsten Torten im Haus Waldfrieden in Dülmen. Spät, aber nicht zu spät konnte die gelernte Arzthelferin ihr Hobby zum Beruf machen. Schon als Kind half sie ihrer Oma beim Backen und sie erinnert sich noch heute an ihre erste Buttercremetorte. Seit 1999 ist sie nun als Landhauskuchenbäckerin beschäftigt. In der Bauernschaft Börnste bei Dülmen wurde der im 18. Jahrhundert entstandene Kötterhof ab 1928 zum kleinen Gasthof ausgebaut. In weiser

Erdbeer-Charlotte-Royale

mit Erdbeeren und Aprikosenmarmelade

Zutaten:

Für die Böden:

1 Glas Aprikosenmarmelade
6 Eigelbe
6 Eiweiß
12 EL warmes Wasser
300 g Zucker
2 Pk Vanillezucker
200 g Mehl
100 g Gustin
2 TL Backpulver
30 g Kakao

Für die Füllung:

300 g Vollmilchjoghurt
200 g Zucker
500 g Sahne
1 Zitrone
12 Blatt Gelatine
500 g Erdbeeren
200 ml Apfelsaft

1. 3 Eigelbe, 6 EL Wasser, 150 g Zucker und 1 Pk Vanillezucker cremig schlagen. 3 Eiweiß steif schlagen und dazugeben. 50 g Gustin, 1 TL Backpulver und 100 g Mehl gesiebt unter die Masse ziehen. Den Teig auf ein Blech mit Backpapier geben und bei 180 °C ca. 10–15 Minuten backen. Noch heiß auf ein mit Zucker bestreutes Geschirrtuch stürzen, das Backpapier mit Wasser befeuchten, vorsichtig abziehen. Den Biskuit mit der Hälfte der Marmelade bestreichen und von der kürzeren Seite mit Hilfe des Geschirrtuches aufrollen, im Tuch erkalten lassen. Für die Charlotte eine kuppelförmige Glasschüssel (28 cm) oder eine Charlottenform mit Speiseöl einpinseln und mit Puderzucker bestäuben. Die Biskuitrolle in dünne Scheiben schneiden, die Form damit auslegen.

2. Aus den restlichen Zutaten und 30 g Kakao einen weiteren Biskuitboden herstellen. Nach dem Abbacken in 2 Scheiben schneiden.

3. Erdbeeren pürieren, mit Joghurt, Zucker und etwas Zitronensaft verrühren. Die geschlagene Sahne mit 9 aufgelösten Gelatineblättern unterrühren. Die Hälfte der Creme in die mit Biskuitrolle ausgelegte Form geben, den oberen dunklen Biskuit etwas zurecht schneiden und in die Form geben. Den Rest der Creme ca. 20 Minuten im Kühlschrank abkühlen und auf die Charlotte geben. Den unteren dunklen Boden mit Marmelade bestreichen und auf die Charlotte geben. Nach 4–5 Stunden Kühlzeit die Charlotte auf ein Tortenblech stürzen. 3 Gelatineblätter in 200 ml Apfelsaft auflösen und die Charlotte damit einstreichen. Nach Belieben dekorieren.

Der Burgturm in Oeding

Birgit Bronstering
mit einer neuen Variante der „Birne Helene"

Als junges Mädchen stand Birgit Bronstering schon hinter ihrer Mutter in der Küche am Herd und wollte mit dem Schneebesen rühren. So verwundert es dann nicht, dass sie bei Praktika in verschiedenen Betrieben ihrer Liebe zum Kochen nachgegangen ist. Die Lehre absolvierte sie im Burghotel Pass und hatte dort nach ihren Worten „das große Glück", dort einen erfahrenen Lehrmeister zu finden, der ihr das Kochen mit regionalen Produkten exzellent beibrachte. Aber Birgit Bronstering zog es auch in die Ferne. Wohlklingende Namen wie Nassauer Hof in Wiesbaden und Parkhotel

Egerner Höfe am Tegernsee in Rottach-Egern tauchen auf, wenn man ihre Vita verfolgt. Dort ging sie ganz und gar in ihrer Leidenschaft für die Patisserie auf und wurde sogar Demi Chef de Patisserie in der Dichter Stub'n, die mit einem Michelin Stern ausgezeichnet ist. Aber es hat sie zurück in die Heimat gezogen und so kocht sie heute – nunmehr als Souschef – gemeinsam mit ihrem Lehrmeister Clemens Vehoff für die Gäste des Burghotels Pass, was auch immer die saisonal auf Frische ausgerichtete Küche zu bieten hat. Die u-förmige, von Wasser umgebene Anlage bildete über Jahrhunderte das Zentrum des Ortes Oeding, ein kleiner

Fleck im Münsterland, der erstmals im Jahr 1353 erwähnt wird. Die Burg verfiel ab 1839 in einen „Dornröschenschlaf" und ging 1859 über in den Besitz der Familie Pass. Diese „weckte" die Burg 1979, indem durch die Integration des ehemaligen Verlieses in einen modernen Hotelneubau wieder Leben in das alte Gemäuer zog. Seitdem gibt sich die Burg gastfreundlich und gesellig. „Entspannt, unkompliziert und trotzdem professionell", das ist die Philosophie des Burghotel Pass.

Schokoladensoufflé
mit pochierter Birne & Birnen-Vanille-Parfait

Rezept für 4 Personen

Zutaten:

Für das Birnenmus:
8 Birnen (geschält, gewürfelt)
Vanilleschote
etwas Zucker
weißer Portwein

Für die pochierte Birne:
2 Birnen
Weißwein
etwas Zucker

Für das Schokoladensoufflé:
300 ml Milch
20 g Stärke
40 g Mehl
40 g Butter
10 g Kakaopulver
50 g Kuvertüre
6 Eigelbe und Eiweiße
80 g Zucker

Für das Birnen-Vanille-Parfait:
3 Eier
3 Eigelbe
170 g Zucker
1/2 l Birnenmark
1 Vanilleschote
5 cl 43°-Likör
700 g geschlagene Sahne
2 cl Wiliams Christ Birne

1. Birnen für das Birnenmus mit etwas Zucker, Vanille und Portwein dünsten. Pürieren, durch ein Sieb streichen und erkalten lassen.

2. Die zwei Birnen schälen, halbieren, aushüllen und im gezuckerten Weißweinsud pochieren.

3. Milch, Stärke, Mehl, Butter und Kakaopulver für das Soufflé aufkochen, bis sich ein dicker Brei bildet. Diesen Brei wie einen Brandteig abrösten. Abkühlen lassen, dann flüssige Kuvertüre unterrühren und nach und nach die Eigelbe einrühren. Eiweiß und Zucker steif schlagen und unter die Stärkemasse heben. Die Förmchen einfetten, zuckern und zu einem Viertel ihrer Höhe mit der Masse füllen. Bei 190°C in einem 1 cm hohen Wasserbad mit Papiertuch ca. 30 Minuten backen.

4. Zuerst das Birnen- und Vanillemark auf die Hälfte reduzieren lassen. Eier und Eigelbe mit Zucker luftig aufschlagen, danach über einem Wasserbad heiß aufschlagen. Die Eiermasse mit den Likören auf Eiswasser kalt schlagen. Die abgekühlte Birnenreduktion passieren und dazu fügen. Zum Schluss die geschlagene Sahne vorsichtig unterheben, in eine Form abfüllen und einfrieren (24 Stunden). Gefroren auf einem Teller anrichten.

„Der Steinhauer", Skulptur in Havixbeck

Michael Kemper
serviert Mutters Struwen zum Karfreitag

schon viel früher in die Baumberge. Bereits während seines BWL Studiums half er gerne in der Gastwirtschaft. Von hier trieb es ihn nicht mehr fort und heute ist er stolz, den Gästen die von der Schwiegermama gemachten Struwen zu servieren. Die variantenreiche Küche, die von lokaler Deftigkeit bis zur lukullischen Finesse den Gaumen verwöhnt und bis zur süßen Versuchung in vielen Variationen geht, überzeugt durch Frische und Leichtigkeit. Im historischen Kern des Hauses befindet sich die altdeutsche Gaststube, das gemütliche Restaurant mit Kaminecke und die rustikale Upkammer. Hier werden den Gästen in

gemütlich rustikaler Atmosphäre die Spezialitäten aus der nationalen und regionalen Küche serviert. Unbedingt probieren sollte man hier die Gerichte mit hauseigenem, luftgetrocknetem Knochenschinken.

Der Struwen hat im Restaurant Kemper eine besondere Tradition. Ursprünglich beträgt die Fastenzeit 40 Tage. Zum Abschluss dieser Zeit, am Karfreitag, wurde früher im Münsterland die traditionelle Mehlspeise Struwen zubereitet. Im Hause Kemper serviert man am Karfreitag die Struwen mit Zimt und Zucker und als Beilage wird eine Weinsuppe gereicht.

Wo das Münsterland am schönsten ist, in der leicht hügeligen Landschaft der herrlichen Baumberge, liegt der Ort Havixbeck. Hier wurde die Dichterin Annette von Droste-Hülshoff geboren und hier ist auch der Ort, an dem das Fachwerkhaus der Familie Kemper steht. Im Zentrum, nahe der Kirche, befindet sich das gemütliche Hotel Kemper mit Restaurant. Bereits seit 1726, dem Baujahr des Stammhauses, pflegen die Kempers die gastronomische Tradition. Michael Kemper, geb. Letteraner, übernahm 2003 mit seiner Frau Ulrike den Familienbetrieb in Havixbeck. Doch der Weg führte ihn

Struwen
mit Zimt und Zucker

Rezept für 4–6 Personen

Zutaten:

500 g Mehl
125 g Zucker
125 g Quark
160 g Rosinen
80 g Butter
1/4 l Milch
3 Eier
1 Tüte Backpulver

1. Zuerst werden die Rosinen eingeweicht. Mehl und Zucker in eine Schüssel geben und langsam nach und nach mit der Milch verrühren.

2. Zu der Masse werden drei Eier hinzugefügt. Damit keine Schale mit in den Teig fällt, schlägt man die Eier in einen flachen Teller.

3. In einer kleinen Schüssel wird nun der Quark schön cremig gerührt, bevor er dann ebenfalls zu der Teigmasse hinzugefügt wird.

4. Die vorher zerlassene Butter, die Rosinen und das Backpulver in den Teig geben und gut verrühren.

5. Das Fett in eine Pfanne geben und erhitzen.

6. Nun ein wenig Teigmasse mit einer Kelle in die Pfanne mit dem heißen Fett geben.

7. Als nächstes wird der Teig in dem Fett gebacken und die Struwen werden ab und zu gewendet.

8. Zum Schluss wird das Gericht mit Vanillesauce, Zimt und Zucker serviert. Guten Appetit.

Bootsfahrt auf der Werse in Münster

Theo van Drunen
Wenn die Liebe durch den Magen geht

Seit Mai 1992 führt der gebürtige Holländer Theo van Drunen mit seiner Frau das vor den Toren von Münster gelegene Traditionslokal Restaurant Stapelskotten und hat dort, zusammen mit dem damaligen Küchenchef, eine neue, kreative Küche aufgebaut. Der staatlich geprüfte „Food & Beverage Manager" baute mit Küchenchef Alois Kuiter gemeinsam in den letzten Jahren das Renommee der Küche immer weiter aus.

Wer nach einer Radtour durch Münsters Felder oder entlang der nahe gelegenen Werse ein kühles Bier und eine Stärkung benötigt, der ist bei Theo van

Drunen genau richtig. Die gemütlich ausgestatteten Gasträume bieten alle Möglichkeiten und für jeden Anlass die richtige Antwort. Im Sommer lockt die schöne Terrasse mit herrlichem Blick in die Münsteraner Parklandschaft.

Die vorgestellte Nachspeise hat er für dieses Buch ausgesucht, weil es ihn an eine schöne Geschichte erinnert.

Als Theo van Drunen seine Frau in Mannheim kennenlernte, wollte er ihr imponieren. Er wusste um ihre Vorliebe für Süßes und so entschloss er sich, ihr zu ihrem Namenstag eine Torte zu backen. Das kam sehr gut an und die beiden sind bis heute ein glückliches Paar. Ob es an der Torte lag?

Das Dessert im Rezept ist eine Abwandlung dieser Torte, in gewisser Weise eine Reclam-Ausgabe!

Panna cotta (italienisch für „gekochte Sahne") ist ein norditalienisches Dessert. Meist wird die Nachspeise mit Fruchtsaucen oder eingemachten Früchten serviert. In diesem Rezept hat Theo van Drunen sich etwas Besonderes einfallen lassen.

Panna-Cotta-Törtchen

mit Schokoladeneis und frischen Erdbeeren

Rezept für 4 Personen

Zutaten:

Für das Schokoeis:

1/8 l Milch
1/8 l Sahne
40 g Zucker
10 g Kakaopulver
1 Ei
50 g Halbbitterkuvertüre
1 EL Rum
2 El Grand Marnier
1/2 abgeriebene Orange

Für Sablés:

150 g Butter
8 g Zucker
Mark 1/2 Vanilleschote
1 Prise Salz
200 g Mehl
2 g Backpulver
1 Eigelb

Für die Panna-Cotta-Creme:

300 g Sahne
450 ml Milch
75 g Zucker
1 ½ Vanilleschoten
6 Blätter Gelatine

1. Die Milch, Sahne, Zucker und Kakaopulver für das Eis aufkochen. Eigelb auf einem Wasserbad cremig schlagen. Die Milchmischung langsam darunter rühren, vom Wasserbad nehmen und die Halbbitterkuvertüre einrühren und anschließend abkühlen lassen. Den Rum, Grand-Marnier und Orange dazu unterrühren und in der Eismaschine gefrieren lassen.

2. Von der Butter, dem Zucker, der Vanilleschote, dem Salz, dem Mehl und dem Backpulver (für Sablés) einen Teig kneten. Das Eigelb in den Teig einarbeiten und 1 Stunde kalt stellen.

3. Den Teig auf 2 mm Dicke ausrollen und runde Scheiben ausstechen (6 cm). Den Ofen auf 160 °C vorwärmen und die Sablés 15 Minuten backen.

4. Sahne, Milch, Zucker und Vanilleschote für die Creme aufkochen und 15 Minuten köcheln lassen. Die Gelatine ausdrücken und in der warmen Creme auflösen. Die Speise in passende Förmchen abfüllen und 4 Stunden kalt stellen.

5. Die Sablés auf die Teller verteilen und die Panna-Cotta-Creme daraufsetzen. Mit Erdbeerscheiben belegen und eine Nockerl Eis in die Mitte platzieren. Mit Erdbeercoulis und einigen Tropfen Vanillesauce garnieren.

Polopicknik in Münster-Handorf

Michael Leick
setzt auf innovative Erlebnisgastronomie

konzepte im Restaurant Maikotten seit 2004 umsetzt. Hierzu gehören zum Beispiel der beliebte Oldtimer-LKW-Getränke-Begleitservice oder der Hochzeitssnack zur Mitternacht, wo den Gästen in einer original Londoner Times Fish & Chips serviert wird.

Ob leicht mediterrane oder deftig regionale Küche, je nach Jahreszeit sind besondere Gerichte mit dem gewissen Extra im Angebot. Für Familien sehr spannend sind die Aktionen, die der Maikotten mit dem benachbarten Maislabyrinth in der Maissaison durchführt. Unvergessliche kulinarische Highlights an ungewöhnlichen Orten sind auch Bestandteil dieses Konzeptes.

Trotz aller Innovation verliert Michael Leick den Sinn für Traditionelles nicht. Mit dem hier vorgestellten Rezept der Schokoladenpuddingtorte führt Michael Leick die über Jahrzehnte gewachsene Kaffeehaus-Tradition des Maikotten in Münster fort. Maikotten ist für Radler und Spaziergänger von jeher eine Anlaufstelle für ein schönes Stück Torte gewesen. Eine eigene Kaffeemischung, die mit einer Hamburger Rösterei kreiert wurde, und selbst gemachte Konfitüren runden dieses Angebot ab.

Eigentlich wollte Michael Leick ein Studium als Maschinenbauingenieur beginnen. Doch der elterliche Betrieb, das Landhaus Leick in Sprockhövel bei Bochum, zeichnete ihm den Weg zum Koch vor. Nach der Ausbildung im heimischen Betrieb führte ihn der Weg 1988 in die Schweiz und dort ins Hotel Bellevue Palace nach Bern. Als Direktionsassistent im Bereich Veranstaltungsmarketing und Planung im Hotel Silbenhof in Hilchenbach und als stellvertretender Geschäftsführer der Firma Käfer Expo Team sammelte er wertvolle Erfahrungen, die er nun in eigene kreative und innovative Gastronomie-

Maikottentorte
mit Schokoladenpudding

Zutaten:

385 g Zucker
150 g Butter
325 g Mehl
3 Eier
3–4 EL heißes Wasser
1 P Vanille-Zucker
100 g Speisestärke
3 TL Backpulver
400 g Erdbeer-Thymian-Marmelade
150 g zartbittere Schokolade
3 Eigelb
750 ml Milch
60 g Speisestärke
1 Vanilleschote
2 cl Kaluha-Likör
6 cl Weinbrand
600 ml Sahne
8–9 Blatt Gelatine

1. Aus 75 g Zucker, 150 g Butter und 225 g Mehl einen Mürbeteig herstellen und in einer Springform bei 180 °C Umluft 15 Minuten backen.

2. Eier und Wasser auf höchster Stufe schaumig schlagen. 150 g Zucker und Vanille-Zucker mischen, in einer Minute einstreuen, dann noch 2 Minuten schlagen. 100 g Mehl mit Speisestärke und Backpulver mischen, die Hälfte davon auf die Eiercreme sieben, kurz auf niedrigster Stufe vorsichtig unterrühren.

Mit dem Rest von dem Mehl genauso verfahren.

3. Den Teig in einer Springform bei 175°–200°C 20–30 Minuten backen. Den Boden abkühlen lassen und in drei Schichten schneiden.

4. Die Marmelade mit 100 g Zucker einkochen. Schokolade in kleine Stücke brechen. 500 ml Milch mit der Schokolade erhitzen. 1 Vanilleschote hinzufügen und alles aufkochen lassen. 250 ml Milch mit Speisestärke verrühren und dazugeben. Dicklich einkochen lassen.

5. Vanilleschote herausnehmen und Topf vom Herd nehmen. 3 Eigelb mit 60 g Zucker cremig aufschlagen. Dies in den Topf geben und unter leichtem Rühren abkühlen lassen. Likör und Weinbrand unter den Pudding rühren. Sahne steif schlagen. Gelatine nach Packung zubereiten. Die Sahne unter den Pudding heben. Die Gelatine ebenfalls unterrühren.

6. Die Tortenböden mit Marmelade bestreichen. Einen Biskuitboden auf den Mürbeteigboden setzen. Die Biskuitböden gleichmäßig mit der Creme bestreichen und aufeinander platzieren. Mit Sahnetuffs und Borkenschokolade verzieren.

Restaurants

Altdeutsche Gaststätte Lorenbeck
Alphons-Hecking-Platz 11
48485 Neuenkirchen
Tel.: 05973 608010
www.lorenbeck.de

Altes Gasthaus Borcharding
Alte Bahnhofstraße 13
48432 Rheine-Mesum
Tel.: 05975 1270
www.altes-gasthaus-borcharding.de

Altes Gasthaus Leve
Alter Steinweg 37
48143 Münster
Tel.: 0251 45595
www.gasthaus-leve.de

Altdeutsche Gaststätte Wauligmann
Schifffahrter Damm 22
48268 Greven
Tel.: 02571 2388
www.gaststaette-wauligmann.de

Aust – Das Landhotel
Gröblingen 52
48231 Warendorf
Tel.: 02581 9230
Internet: www.hotel-aust.de

Brauhaus Stephanus oHG
Overhagenweg 1
48653 Coesfeld
Tel.: 02541 1000
www.brauhaus-stephanus.de

bröker Catering & Event
An den Speichern 10
48157 Münster
Tel.: 0251 417060
www.broeker-muenster.de

Burghotel Pass GmbH & Co. KG
Burgplatz 1
46354 Oeding
Tel.: 02862 5830
www.burghotel-pass.de

Café Relax
Bismarckallee 47
48151 Münster
Tel. Theke: 0251 83853710
www.relax-ms.de

Casino Restaurant Gmbh
Osterwicker Straße 29
48653 Coesfeld
Tel.: 02541 9260233
www.casino-coesfeld.de

Factory Hotel
An der Germania Brauerei 5
48159 Münster
Tel.: 0251 41880
www.factoryhotel-muenster.de

Gabriel's im Hotel Kaiserhof
Bahnhofstraße 14
48143 Münster
Tel.: 0251 41780
www.kaiserhof-muenster.de

Gasthaus Eickholt
Frieport 22
59387 Ascheberg-Davensberg
Tel.: 02593 7565
www.gasthaus-eickholt.de

Gasthaus Stromberg
Dortmunder Straße 5
45731 Waltrop
Tel.: 02309 4228
www.gasthaus-stromberg.de

Gasthof Alter Garten
Dorfstrasse 14
48734 Klein Reken
Tel.: 02864 1053
www.altergarten.de

Gasthof Enning
Hauptstraße 26
46325 Borken-Weseke
Tel.: 02862 1203
www.gasthof-enning.de

Gasthof Mersbäumer
Loburg 47
48346 Ostbevern
Tel.: 02532 5180
www.mersbaeumer.de

Gasthof und Hotel Kemper
ALtenberger Straße 14
48329 Havixbeck
Tel.: 02507 1240
www.hotelkemper.de

Gasthaus Zum Splenterkotten
Ludgerusring 44
48432 Rheine-Elte
Tel.: 05975 285
www.splenterkotten.de

GOP Varieté-Theater
Bahnhofstraße 20–22
48143 Münster
Tel.: 0251 4909090
www.variete.de

Haus Waldesruh
Dülmener Weg 278
46325 Borken
Tel.: 02861 94000
www.haus-waldesruh.de

Heaven Restaurant und Lounge
Hafenweg 31
48155 Münster
Tel.: 0251 6090585
Internet: www.heaven-lounge.de

Hof Grothues und Potthoff
Hof Grothues-Potthoff 4–6
48308 Senden
Tel. Hofcafé: 02597 696410
www.hof-grothues-potthoff.de

Hotel Bomke
Kirchplatz 7
59329 Wadersloh
Tel.: 02523 92160
www.hotel-bomke.de

Hotel-Kaffehaus-Restaurant Winter
Gildestraße 3
48624 Schöppingen/Eggerode
Tel.: 02545 93090
www.winter-eggerode.de

Hotel Landgraf
Thierstraße 26
48165 Münster
Tel.: 02501 1236
www.hotel-landgraf.de

Hotel Restaurant Bakenhof
Roxeler Strasse 376
48161 Münster
Tel.: 0251 871210
www.bakenhof.de

Hotel Restaurant Cafe Steverburg
Baumberg 6
48301 Nottuln
Tel.: 02502 9430
www.hotel-steverburg.de

Hotel Restaurant Lindenhof
Alte Emsstraße 7
48282 Emsdetten
Tel.: 02572 9260
www.lindenhof-emsdetten.de

Hotel Restaurant Weissenburg
Gantweg 18
48727 Billerbeck
Tel.: 02543 750
www.hotel-weissenburg.de

Hotel Restaurant Wienburg
Kanalstraße 237
48147 Münster
Tel.: 0251 2012800
www.hotel-wienburg.de

Hotel Seehof
Hullerner Straße 102
45721 Haltern am See, Südufer
Tel.: 02364 9280
www.hotel-seehof.de

Kunsthaus Angelmodde
Angelmodder Weg 80
48167 Münster
Tel.: 0251 62281

Landhaus Overwaul
Herkentrup 24
48329 Havixbeck
Tel.: 02507 1445
www.landgasthaus-overwaul.de

Landidyll Wilminks Parkhotel
Wettringer Straße 46
48485 Neuenkirchen
Tel.: 05973 94960
www.wilminks-parkhotel.de

Mercure Hotel Muenster City
Engelstraße 39
48143 Münster
Hotelcode: 5415
Tel.: 0251 41710
www.mercure.com

MDS Gmbh
Café Gut Kinderhaus
Am Max-Klemens-Kanal 19
48159 Münster
Tel.: 0251 9210330
www.mds-muenster.de

Mosecker/Korkenzieher
Gustav-Stresemann-Weg 52
48155 Münster
Tel. Mosecker: 0251 97860
Tel. Korkenzieher: 0251 31953
www.mosecker.de

Parkhotel Wasserburg Anholt
Brune Gastronomie GmbH
Klever Straße
46419 Isselburg-Anholt
Tel.: 02874 4590
www.schloss-anholt.de

Ratskeller Wiedenbrück
Romantik Hotel & Restaurant
Lange Straße 40 – Markt 11
33378 Rheda-Wiedenbrück
Tel.: 05242 9210
www.ratskeller-wiedenbrueck.de

Restaurant Ackermann
Roxeler Straße 522
48161 Münster-Roxel
Tel.: 02534 1076
www.restaurant-ackermann.de

Restaurant am Aasee
Annette-Allee 1
48149 Münster
Tel.: 0251 41441550
www.am-aasee.de

Restaurant Berdelhafen
Berdel 52
48291 Telgte
Tel.: 02504 2916
www.berdelhafen.de

Restaurant-Café Haus Waldfrieden
Börnste 20
48249 Dülmen
Tel.: 02594 2273
www.haus-waldfrieden.de

Restaurant Goldener Anker
Björn Freitag
Lippetor 4
46282 Dorsten
Tel.: 02362 22553
www.bjoern-freitag.de

Restaurant Großer Kiepenkerl
Spiekerhof 45
48143 Münster
Tel.: 0251 40335
www.grosser-kiepenkerl.de

Restaurant Hoffschulte
Alter Postweg 51/53
48167 Münster-Angelmodde
Tel.: 02506 7462
www.restaurant-hoffschulte.de

Restaurant-Hotel Domschenke
Markt 6
48727 Billerbeck
Tel.: 02543 93200
www.domschenke-billerbeck.de

Restaurant Hotel
Schloss Wilkinghege
Steinfurter Straße 374
48159 Münster
Tel.: 0251 144270
www.schloss-wilkinghege.de

Restaurant Hotel Hinterding
Bahnhofstraße 72
49525 Lengerich
Tel.: 05481 94240
www.marktpaltz-lengerich.de

Restaurant Jedermann
Überwasserstraße 3
48143 Münster
Tel.: 0251 58717
www.restaurant-jedermann.de

Restaurant Maikotten
Maikottenweg 208
48155 Münster
Tel.: 0251 382653
www.maikotten.de

Restaurant Schnieders
Faktoreistraße 2
46325 Borken
Tel.: 02861 1055
www.restaurant-schnieders.de

Restaurant Stapelskotten
Wolbeckerstraße 418
48157 Münster
Tel.: 0251 314770

Restaurant Zum Ludgerusbrunnen
Ludgeristraße 46
48727 Billerbeck
Tel.: 02543 6261
www.ludgerusbrunnen.de

Restaurant Zum Vosskotten
Am Vosskotten 1
48268 Greven
Tel.: 02571 2430
www.zumvosskoten.de

Restaurant Zur Barriere
Legdener Straße 99
48683 Ahaus
Tel.: 02561 3800
www.enning-barriere.de

Ringhotel Landhaus Eggert
Zur Haskenau 81
48157 Münster
Tel.: 0251 328040
www.landhaus-eggert.de

Romantik Hotel
Hof zur Linde
Handorfer Werseufer 1
48157 Münster-Handorf
Tel.: 0251 32750
www.hof-zur-linde.de

Westfälische Provinzial
Provinzial-Allee 1
48159 Münster
Tel.: 0251 2190
www.provinzial-online.de